少子高齢社会の家族・生活・福祉

高尾公矢・北川慶子・田畑洋一 編

時潮社

まえがき

　未来学者アルビン・トフラー（Alvin Toffler）は、『第三の波』の中で、「波」の概念に基づいて三種類の社会を描いている。それぞれの波は古い社会と文化を脇へと押しやる、とした。

　第一の波は農業革命の後の社会であり、約15,000年前から農耕を開始したことにより、それ以前の狩猟採集社会の文化を置換した。

　第二の波は産業革命であり、18世紀から19世紀にかけて起こった。工業化により、それまでの農耕社会から産業社会へと移り変わる。社会の主な構成要素は、核家族、工場型の教育システム、企業である。

　「第二の波の社会は産業社会であり、大量生産、大量流通、大量教育、マスメディア、大量のレクリエーション、大衆娯楽、大量破壊兵器などに基づくものである。それらを標準化と中央集権、集中化、同期化などで結合し、官僚制と呼ばれる組織のスタイルで仕上げをする。」

　第三の波は脱産業社会（脱工業化社会）である。トフラーは1950年代末にはこれを言いはじめ、多くの国が第二の波から第三の波に乗り換えつつあるとした。彼は、それを説明する造語をたくさん作り、他の人々が発明した情報化時代、情報化社会、情報革命のような造語にも言及した。

　現代社会の変化に眼をやると、産業社会から脱（ポスト）産業社会への移行に伴って、社会生活の全般にわたって急速な変化が生じてきた。

　現代社会の家族や生活は大きく変化した。男性の雇用は不安定になり、女性の社会進出はすすんだ。家族に関する規範意識についても、「夫は仕事、妻は家庭」という意識に変化が生じ、生活の個人別が進み、単独世帯が増加し、女性の社会進出が進む中で、多様な生活スタイルが広がっている。

　家族や生活の変化の中で、社会保障や社会的生活施策が個人や家族の生活により重要な位置を占めるようになっている。

かつての制度や枠組みは、もろくあてにならないものへと変貌を遂げている。その結果、多くの人々がリスクに対する防護壁を失い、一人ひとりが自分自身の力で何とかしていかなければいけない状況となっている。

　従来の制度や枠組みの失調を「流動化」「第二の個人化」と呼ぶが、これらの社会の中にあって、自分の位置や社会を冷静に見つめる態度を持つことが求められる。

　大学・短期大学・専門学校の講義は、単なる知識の伝達におわってはならない。諸々の講義は、ともに学生諸君の人間形成の努力に対する一助となっているのであって、変動の激しい社会に立ち向かう能力を養うことへの助力が目的である。家族と生活の現代的課題も、こうした要求にこたえるものであって、『少子高齢社会の家族・生活・福祉』こそ、その役割を十分に担えるものと考える。

　本書はこの目的を果たせるように、執筆者全員が努力したつもりである。できる限り現実社会の生きた資料を用い、古い資料はできる限り取り除くことにした。

　各人の家族や生活に照らし合わせて学び、考えていただければ幸いである。

　本書の刊行にあたって時潮社の相良景行社長に大変お世話になった。丹念な校正の仕事をしていただいた社員の方々に心からお礼を申し上げる。

　　2015年9月1日

　　　　　　　　　　　　　　　　　　　編者を代表して　高尾　公矢

少子高齢社会の家族・生活・福祉／目　次

まえがき ………………………………………………………………………3

第1章　日本の人口の変動 ………………………………………………9
　1　総人口の減少　9
　2　年齢3区分別人口の割合　12
　3　高齢化・長寿化　12

第2章　生活の変化 ………………………………………………………15
　1　時代と人生と生活　15
　2　「3C」の普及　16
　3　高度経済成長の背景と団地の出現　19
　4　高度経済成長と性別役割分業　20
　5　生活意識の変化　21
　6　日本人の意識の変化　23

第3章　家族の生活 ………………………………………………………29
　1　家族とは何か　29
　2　家族と親族　30
　3　世帯・家族・家庭　31
　4　家族構成による家族の分類　32
　5　家族制度による家族の分類　33
　6　家族機能の変化　34
　7　家族の内部構造　37
　8　日本の家族　40
　9　家族生活の諸相　46

第4章　現代社会のグローバル化と雇用 ………………………………53
　1　グローバル社会と家族の変容　53
　2　グローバル化の影響と非正規雇用・ワーキングプア　54
　3　ディーセントワーク　58
　4　就職活動（就活）　59

第5章　男女共同参画社会と生活 …………………………67

1　男女共同参画社会と家族の視点　67
2　仕事と家庭とジェンダーギャップ　69
3　男女のライフステージと家族の課題　70
4　雇用と家族生活　71
5　女性がともに働き続けるための支援制度　74
6　ひとり親世帯の就業支援　75

第6章　幼児期の生活─保育と教育 ………………………83

1　保育と教育の統合化の背景　83
2　幼稚園、保育所、認定こども園の必要性　84
3　家族関係と子育て自立支援　87
4　子どもと家族の力　88

第7章　青年期の生活 ………………………………………93

1　発達課題としての自立への時期　93
2　不適応・逸脱とその援助　101

第8章　成人期の生活 ………………………………………109

1　ワーク・ライフ・バランス　109
2　ワーク・ライフ・バランス策定に至る背景　110
3　ワーク・ライフ・バランスの必要性　111
4　ワーク・ライフ・バランスの途中経過　114
5　各国のワーク・ライフ・バランス　119
6　過労死　122

第9章　高齢期の生活 ………………………………………129

1　高齢期とライフコース　129
2　高齢期の生き方　131
3　家族と高齢期の生活　135
4　高年齢期の経済的自立と社会活動の自立　137

第10章　超高齢社会と福祉 …………………………………………143
　1　高齢化率の上昇　143
　2　高齢者のいる世帯・家族　148
　3　高齢者の健康　150
　4　高齢者の経済生活　153
　5　高齢者の生活課題　156
　6　高齢者福祉の理念　159

第11章　ソーシャルサービスと高齢者の福祉サービス ……………163
　1　ソーシャルサービスの概要と類型　163
　2　生活福祉サービスの概要　165

資料編 ……………………………………………………………………173

第1章　日本の人口の変動

> Key Words　合計特殊出生率　少子化　高齢化　高齢単身世帯
> 　　　　　　超高齢社会

1　総人口の減少

　わが国の人口は明治以降大幅に増加し、1868年（明治元）年には3,400万人であったが、その後増加を続け、1967（昭和42）年に初めて1億人の大台を超えた。2008（平成20）年には1億2,808万人まで増えたが、翌年からそれをピークに減少に転じた。国立社会保障・人口問題研究所の推計によると、わが国の人口は2048年に9,913万人と1億人を割り込み、2060年には8,674万人まで減少すると見込まれている。人口の推移をより長期的に見ると、明治時代後半の1900年頃から100年をかけて増えてきたわが国の人口

図1　わが国人口の長期的な推移

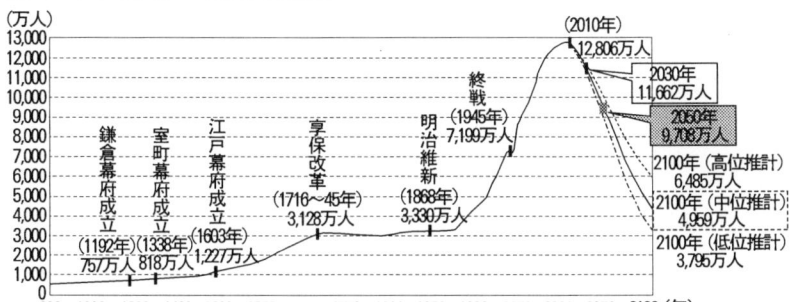

資料）2010年以前は総務省「国勢調査」、同「平成22年国勢調査人工等基本集計」、国土庁「日本列島における人口分布の長期時系列分析」（1974年）、2015年以降は国立社会保障・人口問題研究所「日本の将来推計人口（2012年1月推計）」より国土交通省作成。

が、今後100年のうちに再び同じ水準に戻ることが見込まれ、わが国はこれまでの歴史を振り返っても類を見ない水準の人口減少を経験することになる（図1）。総務省の「2015年10月1日現在の推計人口」によると、在日外国人を含む総人口は前年比21万5,000人（0.17％）減の1億2,708万3,000人で、4年連続で減少した。

　こうした人口減少の主要な要因は、出生率の大幅な低下である。戦後の出生数の推移を見ると、1940年代後半の第1次ベビーブーム、1970年代前半の第2次ベビーブームを経た後、出生数は減少し、特に1970年代から1980年代にかけて大きく減少した。その後も減少は続き、2011（平成13）年には過去最低の出生数（105万人）となった[2]。総人口が増えも減りもしない均衡状態の合計特殊出生率（当該年次の15歳から49歳までの女性の年齢別出生率を合計したもので、一人の女性が仮にその年次の年齢別出生率で一生の間に産むとしたときの子どもの数に相当）は2.07～2.08といわれているが、わが国ではこの合計特殊出生率が1947（昭和22）年の4.54から1975（昭和50）年の1.91へと大幅に低下した。2005（平成17）年には過去最低の水準となる1.26となったが、2014（平成26）年は1.42で、前年の1.43を下回っている（図2）。都道府県別にみると、合計特殊出生率は沖縄県（1.86）、宮崎県（1.69）、島根県（1.66）、長崎県（1.66）、熊本県（1.64）が高く、東京都（1.15）、京都府（1.24）、北海道（1.27）、奈良県（1.27）、宮城県（1.30）が低い。

　出生数減少や合計特殊出生率の低下の要因には、晩婚・晩産化および未婚率の上昇、出生児数の減少などがあげられる。その背景には、高学歴化、仕事と育児の両立の負担感増大、育児そのものの負担感増大、雇用の不安定さによる経済的な不安などが考えられる。

　総人口の推移を自然増減（出生児数－死亡者数）でみると、出生児数は第2次ベビーブーム期以降減少傾向が続いており、2014（平成26）年は102万3千人で前年に比べ2万2千人の減少となった。一方、死亡者は127万4千人で前年に比べ3千人の減少となった。その結果、出生児数が死亡者

第1章　日本の人口の変動

図2　合計特殊出生率の推移

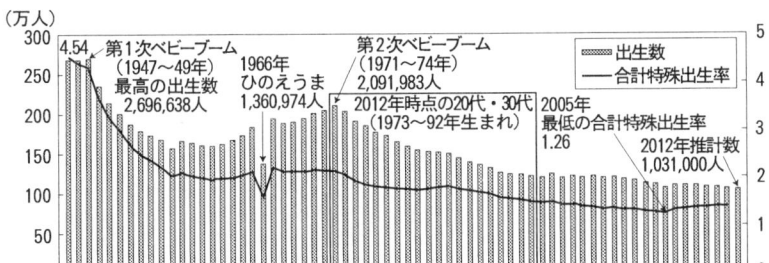

注）1972年以前は沖縄県を含まない。2011年までは確定数、2012年は推計数である。
資料）厚生労働省「人口動態推計」（2012年）より国土交通省作成。

数を25万1千人下回り、8年連続の自然減少となり、減少幅は拡大した。他方、2014（平成26）年の社会増減（入国者数－出国者数）をみると、入国者数が291万1千人で前年に比べ11万4千人の増加、出国者数は287万4千人で前年に比べ9万2千人の増加となった。この結果、入国者数が出国者数を3万6千人上回り、2年連続の社会増加となった。

死亡数は、戦後の保健医療水準の向上と栄養状態の改善を背景に乳児死亡率の低下と平均寿命の伸長によって、1947（昭和22）年の114万人から1955（昭和30）年の69万人に減少し、1980（昭和55）年頃まではほぼ70万人前後であった。この間の乳児死亡率は1947（昭和22）年に1,000人当たり76.7人であったものが急速に減少、1955（昭和35）年には39.8人、1975（昭和50）年には10.0人となり、その後は10人以下となる。

1980（昭和55）年以降の死亡数は、人口の高齢化の影響により徐々に増加している。2009（平成21）年は114万1,865人で、前年より542人減少した。2011（平成23）年の死亡数・死亡率（人口10万対）を死因順位別にみると、第1位は悪性新生物（がん）で35万7,185人、283.1、第2位は心疾患19万4,761人、154.4、第3位は肺炎12万4,652人、98.8、第4位は脳血管疾患で、12万3,784人、98.1となっている。

表1　年齢3区分別人口の推移（昭和25年～平成25年）

各年10月1日現在

年次	総数	年少人口(0～14歳)	生産年齢人口(15～64歳)	老年人口(65歳以上)	うち75歳以上	年少人口(0～14歳)	生産年齢人口(15～64歳)	老年人口(65歳以上)	うち75歳以上
	人口（千人）								
1950 (S25)	83,200	29,430	49,661	4,109	1,057	35.4	59.7	4.9	1.3
1960 (S35)	93,419	28,067	60,002	5,350	1,626	30.0	64.2	5.8	1.7
1970 (S45)	103,720	24,823	71,506	7,331	2,213	23.9	69.0	7.1	2.1
1980 (S55)	117,060	27,524	78,884	10,653	3,661	23.5	67.4	9.1	3.1
1990 (H 2)	123,611	22,544	86,140	14,928	5,986	18.2	69.7	12.1	4.8
1995 (H 7)	125,570	20,033	87,260	18,277	7,175	16.0	69.5	14.5	5.7
2000 (H12)	126,926	18,505	86,380	22,041	9,012	14.6	68.0	17.4	7.1
2005 (H17)	127,768	17,585	84,422	25,761	11,639	13.8	66.1	20.1	9.1
2010 (H22)	128,057	16,839	81,735	29,484	14,194	13.2	63.8	23.0	11.1
2012 (H24)	127,515	16,547	80,175	30,793	15,193	13.0	62.9	24.1	11.9
2013 (H25)	127,298	16,390	79,010	31,898	15,603	12.9	62.0	25.1	12.3

資料）総務省統計局「各年国勢調査報告」「平成25年10月1日現在推計人口」。
出所）厚生統計協会編『国民衛生の動向』校正統計協会、2014/2015、49頁。

2　年齢3区分別人口の割合

　総人口を年齢3区分別人口の割合（表1）を、総人口に占める割合の推移からみると、年少人口は、1975（昭和50）年以降から低下を続け、2013（平成25）年（12.9％）には過去最低となっている。生産年齢人口は、1982（昭和57）年（67.5％）以降上昇していたが、1992（平成4）年（69.8％）にピークとなり、その後は低下を続けている。65歳以上の老年人口は1950（昭和25）年の（4.9％）以降、一貫して上昇が続いており2013（平成25）年には25.1％と、初めて4人に1人が65歳以上人口となった。

3　高齢化・長寿化

　人口高齢化は、主として高齢者人口が増加して出生率が低下したことに

よる。高齢者人口の増加は、死亡率が低下し、平均寿命が伸びていることが要因になっている。厚生労働省の簡易生命表の概況によると2014（平成26）年における日本の平均寿命は、男性が80.50歳、女性が86.83歳となった。1947（昭和22）年のわが国の平均寿命は、男性50.05年、女性53.96年にすぎなかったが、今や世界有数の長寿国となっている。

　総人口に占める65歳以上人口の割合を高齢化率というが、高齢化率が7％を超えた社会を高齢化社会、14％を超えた社会を高齢社会、21％以上の社会を超高齢社会という。わが国の高齢化率は1970（昭和45）年に7.1％、1994（平成6）年に14.1％、2007（平成19）年に21.5％となり、65歳以上の高齢者は2014（平成26）年10月1日現在、3,300万人（前年比110万人増）で、総人口に占める割合の高齢化率は26.0％（同0.9ポイント増）となり、過去最高を更新した。[3] 75歳以上は上昇を続けており、2014年には12.5％となり、初めて8人に1人が75歳以上の後期高齢者となった。

注

（1）1872年以前は、鬼頭宏（2000）『人口から読む日本の歴史』講談社、森田優三（1944）『人口増加の分析』日本評論社）による。1872年から2004年までは総務省統計局「国勢調査」、「10月1日現在推計人口」による。2005年以降は国立社会保障・人口問題研究所「日本の将来推計人口（平成14年1月推計）」。

（2）主な国の2013年の合計特殊出生率は、日本1.39、アメリカ1.89、フランス2.01、スウェーデン1.90、英国1.91、イタリア1.42、ドイツ1.36である（「グローバルノート―国際統計・国別統計専門サイト」）。

（3）主な国の2010年の高齢化率は、日本23.0、アメリカ13.1、フランス16.8、スウェーデン18.2、英国16.6、イタリア20.4、ドイツ20.4、スペイン17.0である（厚生労働統計協会編『国民の福祉と介護の動向』2014/2015、p.41）。

参考文献

鬼頭宏『人口から読む日本の歴史』講談社、2000年。
厚生省監修『平成12年版厚生白書』ぎょうせい、2000年。
厚生労働省監修『平成24年版厚生労働白書』ぎょうせい、2012年。
厚生労働省「平成25年国民生活基礎調査の概要」http://www.mhlw.go.jp/ 2014.12.19
厚生労働統計協会編『国民の福祉と介護の動向』2014/2015年。
国土交通省編集『国土交通白書』2015年。
社会福祉学習双書編集委員会／編『社会福祉学習双書 老人福祉論』全国社会福祉協議会、2011年。
小笠原祐次編『老人福祉論』ミネルヴァ書房、2006年。
社会福祉養成講座編集委員編『現代社会と福祉』中央法規出版、2012年。
社会福祉養成講座編集委員編『高齢者に対する支援と介護保険制度』第2章 p.30-40 中央法規出版、2012年。
社会保障入門編集委員会編『社会保障入門2015』中央出版、2015年。
総務省 人口推計（平成25年10月1日現在）http://www.stat.go.jp/ 2014.12.19
総務省統計局「平成26年10月1日現在推計人口」『厚生の指標』厚生統計協会、2015年。
森田優三『人口増加の分析』日本評論社、1946年。

第2章　生活の変化

| Key Words | 高度経済成長　「3C」「三種の神器」　性別役割分業
生活意識 |

1　時代と人生と生活

　わが国の人々は、第二次大戦後から今日までどのような時代を生きてきたのだろうか。日本人は現在でこそ毎日、ご飯を食べ、風呂に入っているが、ご飯はスイッチを入れるだけで炊ける電気炊飯器の出現、風呂も蛇口をひねればお湯が出るユニット・バスなどが各家庭に普及したのは高度経済成長期（1955年から1973年）以後のことである。

　電気炊飯器、ユニット・バス、テレビも洗濯機も冷蔵庫も自動車もクーラーも無く、ゲーム機、もちろん携帯電話、スマートフォンはなかった。個人で自動車（自家用車）を所有するというのは夢の世界であった。そのような時代を振り返ってみると、高度経済成長がいかに大きく日本人の暮らしを変えたかがわかる。

　わが国は1945（昭和20）年の敗戦の時点で経済は壊滅的な状態にあり、その後もなかなか回復はしなかった。そのような日本経済が回復のきっかけとなったのは、1950（昭和25）年に朝鮮半島で勃発した朝鮮戦争の軍事需要だった。しかし、これも1953（昭和28）年に休戦となり、一時的な軍事需要では持続的な経済成長は実現されなかった。1955（昭和30）年に高度経済成長の基礎となったのは、日本国内での民間需要の持続的な拡大であった。

　1955年の1人あたり国民総生産が戦前の最高水準を超えたのを踏まえて、

1956年版の『経済白書』が「もはや戦後ではない」と記し、この言葉がこの年の流行語となった。

　一般に高度経済成長の時代とされるのは、この1955年から第一次オイル・ショックが起きる1973年までの期間であり、この期間、日本経済は、最初は国内需要の拡大に、後には輸出の拡大に牽引されて、順調に成長した。その成長率は年10％前後で、当時は歴史上類例のない高率であったと言われた。

2　「3C」の普及

　1950年代後半には、電気炊飯器や電気掃除機などのほか、「三種の神器」と呼ばれた白黒テレビ・洗濯機・冷蔵庫が普及してきた。日本でテレビ放送が始まったのは1953年であるが、当初テレビは非常に高価だったため、人々は街頭に設置されたテレビなどで視聴していた。

　テレビが各家庭に普及していくきっかけとなったのは、1958（昭和33）年末の東京タワー（日本電波塔）のオープンと、1959（昭和34）年4月の皇太子（現・天皇）の結婚パレードであった。この結婚は国民的行事となり、結婚パレードを一目見ようと多くの人々がテレビを買い求めたのである。日本ではじめてのテレビ生中継となったこの放送は、当時の日本人の6人に1人が見たと言われている。

　1964年に世界の注目を集めた東京五輪が開催され、日本の技術力を海外に知らしめるきっかけにもなった。たとえばタイム計測の技術。精密時計といえば当時はスイス製の独壇場であったが、東京五輪では1,000個を超える国産時計が活躍した。いまでは当たり前となった、水泳の電子式自動審判装置「タッチ板」がお目見えしたのも、実は東京五輪が初めてであった。メイド・イン・ジャパンが競技判定や記録配信の電子化を一気に推し進めた。東京五輪は「科学のオリンピック」とも評された。

第2章 生活の変化

図1 主要耐久消費財の世帯普及率の推移

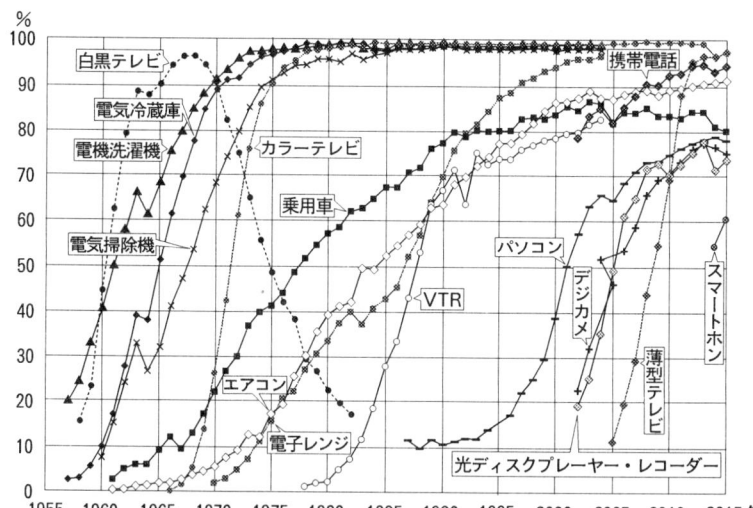

注）単身世帯以外の一般世帯が対象。1963年までは人口5万以上の都市世帯のみ。
1957年は9月調査、58～77年は2月調査、78年以降は3月調査。05年より調査品目
変更。デジカメは2005年よりカメラ付き携帯を含まず。薄型テレビはカラーテレビ
の一部。光ディスクプレーヤー・レコーダーはDVD用、ブルーレイ用を含む。カラ
ーテレビは2014年からブラウン管テレビは対象外となり薄型テレビに一本化。
資料）内閣府「消費動向調査」

　高度経済成長期の所得向上の中で、耐久消費財の普及が進んだが、この頃登場した電気洗濯機、電気冷蔵庫、電気掃除機という「三種の神器」は、高度成長期から安定成長期に移行する画期となった1973年のオイル・ショック頃にはほとんどの家庭で一家に一台の普及となっていた。当時最先端の商品としてあこがれの対象であるとともに、これらの耐久消費財は家事労働にかける時間の短縮を可能とし、家事労働に従事することが多かった女性の社会進出にも貢献したと考えられる。
　その後、1960年代から普及がはじまった乗用車、クーラー、カラーテレビという「3C」と呼ばれる耐久消費財が、当時の一般家庭の夢の商品として黒白テレビを引き継いだカラーテレビから急速に普及していった。
　その後も電子レンジ、VTR、そして最近では、パソコン、デジカメ、

17

携帯電話、VTRを引き継いだ光ディスクプレーヤー・レコーダーと、次々と国民生活を便利にするような新商品が普及してきている。近年の特徴はIT製品、情報通信関連製品、また家電（家庭用電化製品）というより個電（個人用電化製品）が目立ってきた。

カラーテレビではブラウン管から液晶、プラズマなどの薄型テレビへのシフトがほぼ完了している。2011（平成23）年7月にアナログ放送が終了し地上デジタルテレビ放送（地デジ）に切り替わったことや近年の薄型テレビの価格低下もこれを加速した。

携帯電話には世帯普及率という指標はそぐわないが、一応掲載しており、2014（平成26）年には携帯電話の一部としてスマートフォンが初登場（54.7％、スマートフォン以外の携帯電話だけだと73.7％）。スマートフォンはその後も普及率が上昇しており、他方で、パソコンやデジカメの普及率が低下傾向に転じているのは、インターネット利用や写真撮影がスマートフォンで代替されているためと思われる。

なお、上掲以外の主要な耐久消費財として住宅の浴室と水洗トイレの普及率を図2に示した。住宅の浴室保有率は1963（昭和38）年では59.1％あっ

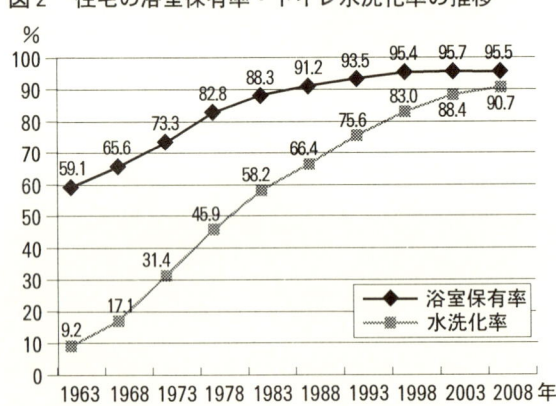

図2　住宅の浴室保有率・トイレ水洗化率の推移

注）2013年調査から浴室、トイレ水洗の調査なし。
資料）総務省統計局「住宅・土地統計調査」

たが、2008（平成20）年では95.5％と100％に近づいている。トイレ水洗化率は1963年ではわずか9.2％であったが、2008年では90％を超えるようになっている。

3　高度経済成長の背景と団地の出現

　1955～1973年の日本で前例のない高度経済成長が実現した背景には、いくつかの点を指摘することができる。

　第一に、当時は世界経済全体が順調に成長していたこと、とくにアメリカを中心とする西側世界では、第二次世界大戦への反省から自由貿易を促進するためのシステムが設けられており、そこに日本も1ドル＝360円という輸出に有利な条件で加わっていたことを指摘できる。また、50年代後半に石炭から石油へのエネルギー革命が起こり、中東から安い原油が安定的に輸入されるようになったことも重要であった。

　第二に、日本の経営者は、新しい技術を導入したり新しい分野に投資したりすることに前向きで、政府もそれを積極的に方向づけようとした。また、高い貯蓄率を誇る日本人の貯金は、そのような投資の原資となった。日本が平和憲法を持つ国で、軍事費の負担が相対的に軽かったことも、経済成長には有利に働いた。

　第三に、戦後の日本は良質で豊富な労働力に恵まれていたという点である。敗戦後、多くの人々が戦地から引き揚げてきて、家族のもとに戻り、子どもを作って、ベビーブームが到来した。当時、貧しかった日本の人々は、メディアを通じて紹介されるアメリカの消費文化に触れるなかで、豊かになりたいと切実に願うようになった。日本では、高度経済成長は、そのような人々を担い手として実現されたのである。

　高度経済成長は人口の都市への集中を促したため、都市の過密（交通渋滞や大気汚染、住宅不足など）が問題となる。こうした問題を解決するため、50年代後半以降、大都市の郊外に団地が設けられ、のちにはさらに大規模

なニュータウンも開発されてきた。

　団地が登場した当時、水洗トイレや風呂、ダイニング・キッチンを各戸に備えた団地は近代的で豊かな生活の象徴であり、都市で働く人々の憧れであった。住宅事情のよくない過密な都市に暮らす人々にとっては、郊外の団地に引っ越したり、マイホームを建てたりすることが、豊かな生活を送るためのひとつの目標となった。

　「人類の進歩と調和」をテーマに掲げて1970（昭和45）年に開催された大阪万博には、ますます豊かになっていく明るい未来への期待が込められており、大阪万博と連動して開発された広大な千里ニュータウンは、高度経済成長を通じて形成された新しいライフスタイルが実践される場となった。

4　高度経済成長と性別役割分業

　家族という観点からみると、高度経済成長の過程で核家族化が進み、夫婦と子ども2人というのが標準的な家族構成であるといわれるようになった。夫は長時間献身的に働いて家族を養うための給料を稼ぎ、妻は家庭で無償の家事労働・育児労働・介護労働を担うという性別役割分業も、この時期にはっきりとしてきた。戦後日本で専業主婦率が最も高くなったのが、高度経済成長がピークを迎えた1970年代前半であったという事実は、性別役割分業の形成が高度経済成長と深く関わっていたことを示している。

　このような性別役割分業の特徴は、夫の長時間労働、妻の無償の家事・育児・介護労働にあり、その影響は現在にまで及んでいる。

　現在は、高度経済成長期に比べると夫の雇用ははるかに不安定化しており、家族を養えるだけの賃金を確実に稼ぐことは難しくなりつつある。また、高齢化にともなって介護を妻の無償労働だけで担うことは不可能となり、すでに介護の社会化（＝介護保険制度の導入）が始まっている。

　育児についても社会化（保育所の増設など）の必要が言われていること

第2章　生活の変化

は、周知の通りである。夫の長時間労働を改めて、日本を働きやすい社会にすること、育児や介護の社会化をさらに進めて妻も働きやすくすることが、現在の日本社会で女性の潜在的な力を引き出すためには必要である。そのためには、高度経済成長期に形成されて根強く続いている性別役割分業のあり方を変える、という変革が必要である。

5　生活意識の変化

厚生労働省は、「国民生活基礎調査の概況」（平成26年版）を発表している。その中から「生活の苦しさ・ゆとりの意識」に関して聞いた結果をまとめ、生活感についての変化をみてみる。

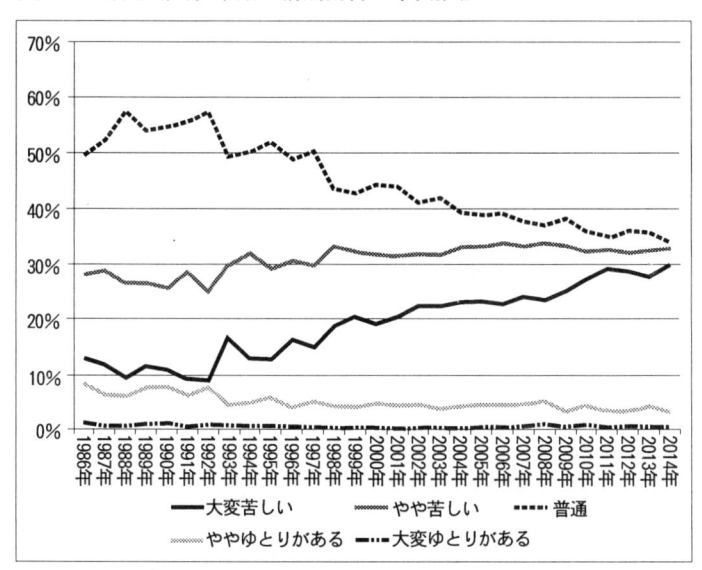

図3　生活意識別世帯数の構成割合の年次推移

資料）厚生労働省「国民生活基礎調査」（1986〜2014）

1993年の大幅増加はバブル景気が崩壊した時期と重なるため、そのための景況感悪化の可能性もあるが、それ以外は2009年まで漸増、それ以降はやや大きな増加率を示しているのが確認できる。とくに「大変苦しい」が2011年にかけて大きく増えたのが注目される。同時に「ややゆとりがある」がわずかだが減っているのも分かる。

　これが2007（平成19）年夏以降に具象化した金融危機（サブプライムローン・ショック、リーマン・ショック）によるものか否かは判断できない。また2011（平成23）年に大きく動いた「苦しい」が2012（平成24）年に多少なりとも戻しているのは、2011年における東日本大震災の影響と、その反動によるものと考えられる。ただしその反動と思われた動きが直近の2013（平成25）年まで続き、「大変苦しい」と「苦しい」の値が2年連続で減少していることは注目に値する。

　さらに2014（平成26）年は再び「大変苦しい」が増加し「ややゆとりがある」が減っている。これは消費税率引き上げが2014年4月に行われ、その直後の2014年7月にこの項目の調査が実施されていることから、心理的な重圧感が多分に作用したものと考えられる。

　いずれにせよ現実問題として、「いわゆる『一億総中流意識』はすでに過去のもの」「生活に苦しさを覚える人」は6割との結果には違いない。

　各属性でも「苦しい派」が増え、「普通派」が減っている。変動に関する属性別の違いはない。一方で生活のゆとりの観点では高齢者の方がやや気楽、子どもがいる世帯では一層の厳しさが伺える。

　母子世帯の生活感の苦しさは注目に値する。あくまでも回答者の心理的な部分が多分にあるとはいえ、そして2014年は母子世帯で多分にぶれが生じているリスクがあるとはいえ、「児童のいる世帯」と「母子世帯」の属性における傾向には、留意を払い、状況改善の施策を求めるべきだろう。

図4 生活意識別世帯数の構成割合の年次推移

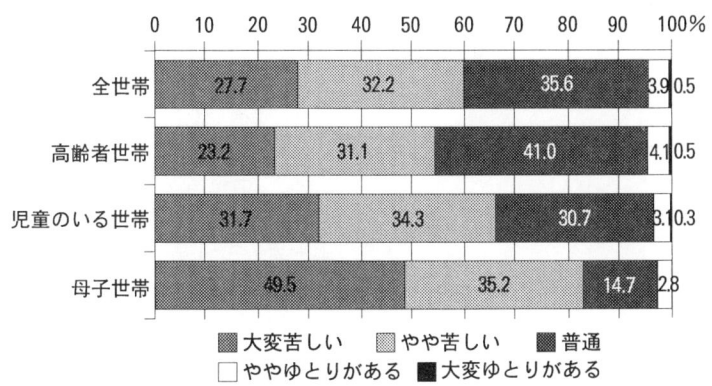

注）四捨五入のため合計は必ずしも一致しない。
資料）厚生労働省「国民生活基礎調査」(2013)

6　日本人の意識の変化

　日本人の意識は時代とともにどのように変化しているのだろうか。NHKは1973（昭和48）年から5年毎に「日本人の意識」調査を行い、社会や生活などに関する人々の意識を追跡している。「日本人の意識」調査の結果をもとに日本人の意識の変化をみてみる。

1) 結婚観

　「日本人の意識」調査では、結婚観に関する質問は1993（平成5）年から設けられ、質問は次のどちらかを選択する形式をとっている。
　甲：人は結婚するのが当たり前だ《するのが当然》
　乙：必ずしも結婚する必要はない《しなくてよい》
　結果は、2013（平成25）年には《するのが当然》とする人は33%であるのに対して、《しなくてよい》とする人は63%と約2倍となっている。《しなくてよい》とする人は1993年当時では51%であったが、20年間で大きく変化している。

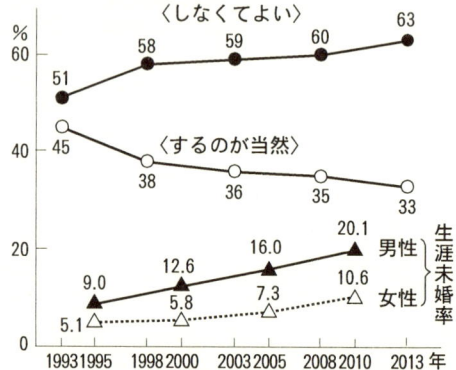

　　　資料）高橋幸一・荒巻央「日本人の意識・40年の軌跡(1)」
　　　　　『放送研究と調査』NHK放送文化研究所、2014、p.6。

　子どもをもつことについて、質問は次のどちらかを選択する形式をとっている。
　甲：結婚しても、必ずしも子どもをもたなくてよい《もたなくてよい》
　乙：必ずしも結婚する必要はない《もつのが当然》
　2013年には《もつのが当然》とする人が39％に対して、《もたなくてよい》とする人が55％で、半数以上となっている。

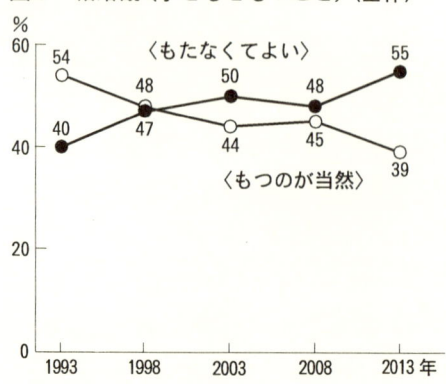

　　　資料）高橋幸一・荒巻央「日本人の意識・40年の軌跡(1)」
　　　　　『放送研究と調査』NHK放送文化研究所、2014、p.6。

2）理想の家庭像

人々が理想とする家庭像は、40年間で大きな変化がみられる。調査は、家庭像の4タイプの中から理想とするものを1つ選択する方法で調査を行っている。

《夫唱婦随》父親は一家の主人としての威厳を持ち、母親は父親をもりたてて、心から尽くしているタイプ

《夫婦自立》父親も母親も、自分の仕事や趣味をもっていて、それぞれ熱心に打ち込んでいるタイプ

《性別役割分担》父親は仕事に力を注ぎ、母親は任された家庭をしっかりと守っているタイプ

《家庭内協力》父親はなにかと家庭のことにも気をつかい、母親も暖かい家庭づくりに専念しているタイプ

《性別役割分担》を理想とする人は40年前には39%を占めていたが、時代とともに漸次減少し、現在では15%にまで減少している。

《夫唱婦随》を理想とする人も40年前には22%であったが、現在では10%にまで減少している。

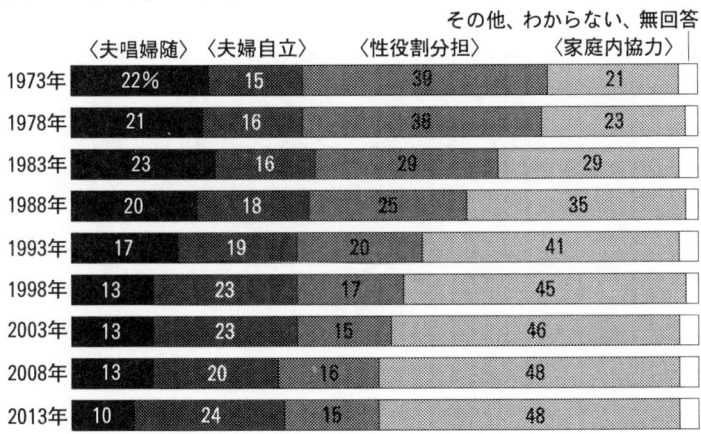

図7　理想の家庭〈全体〉

資料）高橋幸一・荒巻央「日本人の意識・40年の軌跡(1)」『放送研究と調査』NHK放送文化研究所、2014、p.12。

一方、《家庭内協力》を理想とする人は、増加傾向がみられ、40年前には21％であったが、現在では48％と増え続けている。
　《夫婦自立》を理想とする人も40年前には15％であったが、現在では24％と増加している。

3）女性の家庭と職業

　結婚した女性が職業をもち続けるべきかどうかについて、次の3タイプの中から理想とするものを1つ選択する方法で調査を行っている。
　《家庭専念》結婚したら、家庭を守ることに専念したほうがよいタイプ
　《育児優先》結婚して子どもができるまでは、職業をもっていたほうがよい
　《両立》結婚して子どもが生まれても、できるだけ職業をもち続けたほうがよい

　《家庭専念》がよいとする人は、40年前には35％を占めていたが、時代とともに漸次減少を続け、現在では11％に減少している。また、《育児優先》がよいとする人も42％から31％へと減少している。

図8　男女のあり方（家庭と職業）〈全体〉

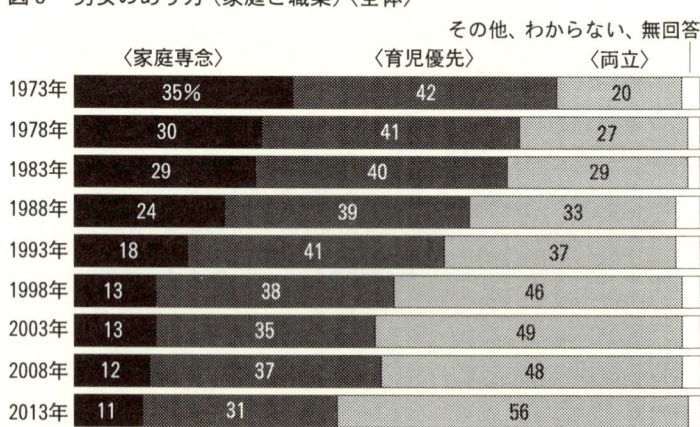

資料）高橋幸一・荒巻央「日本人の意識・40年の軌跡(1)」『放送研究と調査』NHK放送文化研究所、2014、p.13。

反対に《両立》がよいとする人は、20%から56%へと過半数に上っている。

 4）夫の家事分担

 夫の家事分担について、NHKの調査では、次の2つの意見を示して、どちらの意見に賛成するかという方法で調査を行っている。
　甲：台所の手伝いや子どものお守りは、一家の主人である男子のすることではない《すべきでない》
　乙：夫婦は互いに助け合うべきものだから、夫が台所の手伝いや子どものお守りをするのは当然だ《するのは当然》
 夫が《するのが当然》とする人が、40年前には53%と過半数を占めていたが、その後漸次増え続け、現在では89%となり、現在では夫が台所の手伝いや子どものお守りをするのは当然だと考える人が大多数となっている。
 しかし、実際に夫はどの程度家事をしているのかを、総務省「生活基本調査」(2011)によれば、男性が42分、女性は3時間35分と男女の間に依然として大きな差が見られる。

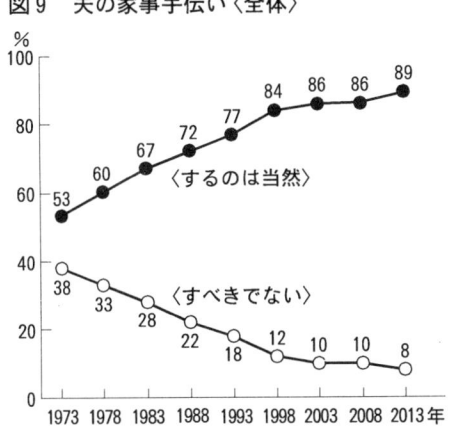

図9　夫の家事手伝い〈全体〉

資料）高橋幸一・荒巻央「日本人の意識・40年の軌跡(1)」
　　　『放送研究と調査』NHK放送文化研究所、2014、p.14。

参考文献

大河内一男『日本人の生活と労働』日本放送出版協会、1981年。

高橋幸一・荒巻央「時系列調査『日本人の意識』の変遷」『NHK放送文化研究所年報58』NHK出版、2014年。

High School Times「高度経済成長と暮らしの変容」2015年6月15日。

総務省「社会生活基本調査」(平成23年版)

厚生労働省「国民生活基礎調査の概況」(平成26年版)

経済企画庁「国民生活白書」(平成2年版)

御船美智子『家庭生活の経済学　生活者の視点から経済を考える』放送大学教育振興会、1996年。

第3章　家族の生活

> Key Words　　家族　核家族　家制度　家族の機能　ライフサイクル

1　家族とは何か

　家族は、人間にとって最小の基本的な社会組織であり、ひとの生涯を大きく左右する力をもっている。人間の人格形成に大きな影響を与え、個々人の精神的健康を大きく左右することはよく知られている。家族は社会の発展とともに、その形態と機能を著しく変化させている。現代家族は、核家族化による世代の分裂と断絶、少子化による兄弟姉妹数の減少、平均寿命の延びによる高齢化といった重要な変化のただなかにある。

　『東京物語』は、わが国が高度経済成長期に差しかかろうとする1953（昭和28）年に公開された日本映画である。監督は小津安二郎。ストーリーは広島県尾道市から上京した老いた両親とその家族たちの姿を通して、家族の絆、夫婦と子ども、老いと死、人間の一生、それらを冷徹な視線で描いた作品である。今日の核家族化と高齢社会の問題を先取りしていたともいえる。家族という共同体が年月を経るとともにバラバラになっていく現実を、独特の落ち着いた雰囲気でつづっている。現代家族と生活を考えるうえでの参考になる映画である。

　家族社会学者の森岡清美は、家族とは「夫婦・親子・きょうだいなど少数の近親者を主要な構成員とし、成員相互の深い感情的係わりあいで結ばれた、第1次的な福祉志向の集団である」と定義している（森岡 1997）。

　家族は、構成員が互いに経済的・精神的に依存しあい、それぞれの発達・

安定・保身に貢献しあう社会の基本的単位である。しかもその独自の文化や社会適応の様式を次の世代に伝達する義務があるものだといわれる。

アメリカの社会学者C.H.クーリー（Cooley）が提唱した『第一次集団（primary group）』は、生まれたばかりの赤ん坊が最初に体験する原型的な社会集団であり親密な人間関係のことである。具体的には、『家族集団・地域集団・親友との遊戯集団』などが第一次集団に該当することになり、その特徴は『継続的な対面的コミュニケーション・双方向的な信頼感と安心感・全人的なオープンなふれあい』などにある。

第一次集団には『自分がどういった社会集団に帰属しているか』という個人の社会的アイデンティティの基盤を形成する役割があり、『精神的な安定感（安心感）・対人的な信頼感（承認欲求）』を促進してくれるという効果も認められる。家族や地域社会（近隣関係）、友人関係といった『第一次集団』とのコミュニケーションが円滑であれば、第一次集団の外部（＝仕事・学業・異性関係）におけるストレスや喪失体験にも耐えやすくなり、社会適応的な安定した性格構造（社会や他者と上手く付き合っていける性格・価値観）が形成されやすくなると考えられている。

森岡は、クーリーが幼児の人格形成に家族などが第1次的な重要性をもっているのでこれらを第1次集団と呼んだのと同じ意味で、第1次的な福祉志向の集団と呼んでいる。

2　家族と親族

人は普通、家族の中に生まれ育つ。その人にとって、この家族を「生まれた家族」（定位家族）という。子どもはこの家族のなかで父母から保護養育を受け、その過程で自己意識を発達させ、言語を習得して他者との関係を学習する。「生まれた家族」はその子どもの人生にとって、決定的な影響力をもつことになる。

人は成長してやがて「生まれた家族」（定位家族）から離れて配偶者を見

図1 「生まれた家族」と「生み育てる家族」の関係

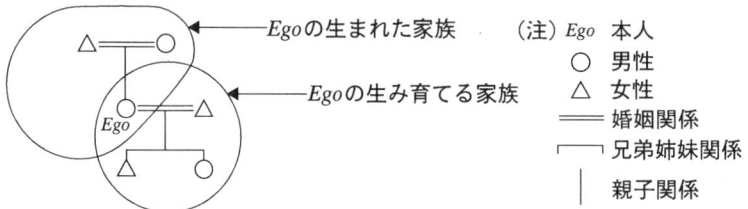

資料）山根常男・玉井美知子・石川雅信編著『わかりやすい家族関係学』ミネルヴァ書房、1997、p.7。

つけて結婚し、子どもをもって自らの家族をつくる。その人にとってこの家族を「生み育てる家族」（生殖家族）という。

人は一生涯の間に「生まれた家族」と「生み育てる家族」の2つの家族に所属することになる。

親族の基本的要素である血縁関係は、縦と横に広がる。縦は、曾祖父母、祖父母、父母、子、孫、ひ孫というように広がる系統で、これを直系という。横は、兄弟姉妹の広がる系統で、これを傍系という。親族関係とは、婚姻あるいは血族によって結ばれた人々の関係である。婚姻によって親族になった人々を姻族といい、親子関係を上下世代にたどることによって関係づけられる人々を血族という。親族は配偶関係と直系、傍系に広がる血縁関係のつながりで、父母と子ともからなる家族は親族の基本的単位である。

わが国の民法（第725条）では、六親等内の血族、配偶者、三親等内の姻族を親族の範囲としている。

3 世帯・家族・家庭

家族と類似し、しばしば混同して使用される用語に世帯と家庭がある。世帯（household）とは同居し生計をともにする生活共同単位、あるいは独立して生計を営む単身者をいう。世帯には、同居人や使用人といった家族成員でない者も含まれる。

図2　家族の類型

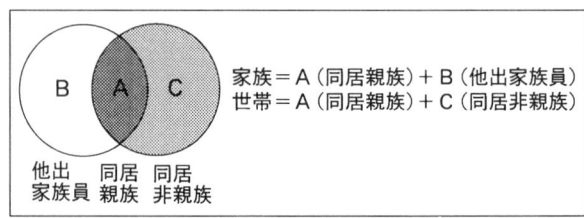

資料）森岡清美ほか『新しい家族社会学』培風館、1983年、p.7より一部改変。

　家族（family）は、夫婦関係を中心として、親子、兄弟、近親者によって構成される第一次的な福祉追求の集団である。ただし、これらの要件をすべて充足する必要はなく、夫婦の一方を欠く父子のみや母子のみであっても、親または子あるいは双方を欠く夫婦のみであっても、血縁関係を欠く養親子であっても家族に含まれる。また単身赴任の夫（妻）や就職や就学のために他地域で独立して生活している子どもなど、同居していない家族成員も「他出者」として含むことになる。つまり家族は同居親族と他出家族員からなり、世帯は同居親族と同居非親族からなる。
　国勢調査など公的資料などで家族を把握する場合には、世帯を家族と等置することになる。
　家庭（home）とは、生活を共にする夫婦・親子などの家族の成員で創られていく集まり、および家族が生活する場所を指す。また、家族成員の相互的な活動やそこでの人間関係、場を作り上げる器具や道具、技術やメディアの様態などを包括的にさす言葉として用いられる。

4　家族構成による家族の分類

　家族を構成面から分類すると3つに大別される。
　（1）核家族：1組の夫婦と未婚の子どもからなる家族で、夫婦家族と
　　　もいう（夫婦＋その未婚のこども）。

図3 家族の分類

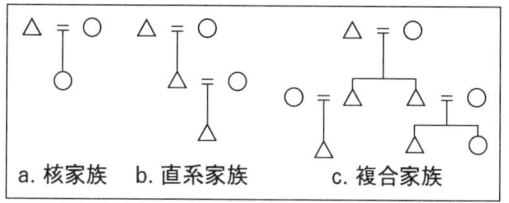

a. 核家族　b. 直系家族　　c. 複合家族

資料）岡堂哲雄編『家族論・家族関係論』医学書院、2004、p.4。

（2）直系家族：親夫婦とその1組の子ども夫婦、および彼らの子どもからなる家族である（長男など家系を継ぐ子どもの家族に親が同居）。
（3）複合家族：親夫婦とその複数の子ども夫婦、および彼らの子どもからなる家族である（親戚や子どもの配偶者とその子どもと同居）。

5　家族制度による家族の分類

　夫婦と未独立の子は親族集団の単位であるが、それを越えてどの範囲の親族を家族のなかに包摂するかは、社会の成員が分有する家族形成のあり様によって、次の3類型に大別される。

（1）夫婦家族制 conjugal family　結婚によって成立する夫婦を中心とする家族で、既婚子とも同居せず、夫婦の一方ないし双方の死亡で消滅する、夫婦一代限りの家族である。ただし、一方が死亡した後、残された方が子の家族と合流することはある。
（2）直系家族制 stem family　子の1人だけが結婚後も後継ぎとして親と同居する家族で、世代を越えて直系的に再生産されていく。後継ぎ以外の既婚子が同居することがあっても、長期にわたることはない。
（3）複合家族制 compound family　複数の既婚子が親と同居している多人数の家族で、父の死亡を契機として、既婚子夫婦ごとに分裂する傾向があり、拡大と分裂をくり返す。インドの高級カース

トの合同家族 joint family、中国貴紳階級の家父長家族、中東諸国の大家族、バルカン僻地(へきち)のザドルーガなどにみられた。

6　家族機能の変化

　アメリカの文化人類学者のG.P.マードック(Murdock)は、著書『社会構造』(1949年)のなかで、世界250の民族の家族形態を調査し、家族を「核家族」「拡大家族」「複婚家族」の3つに分類した上で性・経済・生殖・教育の4つを家族の機能であると述べた。その結果、複雑に見えても、家族の基本的な単位は夫婦と未婚の子からなる「核家族」(nuclear family)であると述べ、核家族の組み合わせによって、さらに2つの形態が生じるとした。

　一夫多妻や一妻多夫のように、1人の男性・女性を中心に、複数の婚姻が結びつくことで集団内に複数の核家族ができる「複婚家族」、既婚者の核家族がその親の核家族と結びつき、複数の核家族を集団内に持つ「拡大家族」、さらにマードックによれば、核家族には基本的で不可欠な4つの機能があると述べた。

　①性的機能：夫婦間の性的欲求の充足および規制を担う、②経済的機能：共住共食および性にもとづく分業としての経済機能、③生殖的機能：子どもを産む生殖機能、④教育的機能：子どもを世話して一次的社会化(言語や基本的な生活習慣を習得)をする。①性的機能と③生殖的機能がなければ、社会が消滅する。②経済的機能がなければ、生命そのものが維持できない。④教育的機能がなければ、文化が終わりを告げる。上記4機能が、核家族の普遍性を論証する手だてとされたのである。

　核家族は、文字通り「最小の親族集団」かつ「社会の核」であって、この考え方を「核家族普遍説」という。

　その後、E.リトワク(Litwak)は、同居していなくても、同居に近い経済的・心理的関係を結んでいる家族として「修正拡大家族」を示した。「子ども夫婦が、スープの冷めない距離に住んでいる」という形態である。

森岡清美 は、家族を「少数の近親者を主要な成員とする第一次的な福祉追求の集団」と定義しており、さらに「福祉とは多次元的なもので、消極的には貧困・病気・不安からの解放、積極的には豊かさ・健康精神的安らぎの達成を意味している。」と説明を加えている。

　この定義から「家族機能」とは、「第一次的な福祉を追求する機能」と言い換えて考えることができる。つまり福祉の実践を支える根幹となるべき集団であるともいえる。

　家族機能の変化に最も早く着目した社会学者として、アメリカの社会学者W.F.オグバーン（Ogburn）がいる。オグバーンは、前近代社会の家族機能を主機能と副機能に分け、主機能を性的、扶養機能を、①経済、②教育、③宗教、④娯楽、⑤保護、⑥地位付与、という6つの機能を果たしているとした。それゆえ影響力と威信を持っていたのである。ところが①〜⑤の機能は企業・学校・国家など専門的な制度体に吸収されて、家族から失われるか残っていても弱まった。家族結合の中心となり、それを継続させるものは「愛情のきずな」であると述べている。他方⑥の機能は維持されているという説明がされている。いわゆる家族機能縮小論である。

　E.W.バージェス（Burgess）とH.J.ロック（Locke）も家族機能の分類についてはオグバーンと同じ立場をとり、本来的機能と歴史的機能に分類している。

　本来的機能には愛情、生殖、養育の機能を含め、歴史的機能には経済、保護、娯楽、宗教を含めている。彼らも愛情、生殖以外の機能は消滅する傾向にあると述べている。

　T.パーソンズ（Parsons）は、現代社会における家族（核家族）の機能として、子どものパーソナリティの形成のための基礎的社会化（socialization）と、成人のパーソナリティの安定化の2つの機能をあげている。この2つは、相互に関連性が強く互いに規定しあう関係にある。これらの2つの機能は産業化が進み、多くの機能が外部化しても、代替えが困難で、家族が消滅しないのは「子どもの社会化」「成人のパーソナリティの安定

化」機能があるからにほかならない。パーソンズのこの考え方を家族機能「純化説」という。

　家族機能が時代の変遷、社会体制の変化に伴って、縮小されていったことは、学説を紹介したとおりである。家族集団の規模の縮小とともに家族集団がもっていた多くの機能が社会的専門機関に移行されていったのも事実である。

　袖井孝子（2003）は、現代日本の家族内で営まれている機能として、①生命維持機能、②生活維持機能、③パーソナリティ機能、④ケア機能の4つをあげ、①〜③の機能はすべての人々に重層的にあてはまるが、④のケア機能だけはすべてには当てはまらず、当てはまっても一時的であると述べている。

　わが国では、姫岡勤（1957）、山根常男（1963）、森岡清美（1957）、大橋薫（1966）らの家族機能説をまとめると、つぎの表のようになる。現代の家族においても、生産機能、教育機能、保護機能、娯楽機能、宗教機能、地位付与の機能などに内容の変化がみられるため、現代のわが国の家族は性的機能、生殖・養育機能、社会化機能、消費機能を残して、かなりの機

表1　家族の機能

機　能	対個人的機能	対社会的機能
性的機能	性的・情愛的充足	性的統制
生殖・養育機能 社会化機能	子孫をもつ欲求の充足	社会成員の補充（種の再生産）
生産機能	収入の獲得	労働力の提供と生産
消費機能	基本的・文化的欲求の充足 依存者の扶養	生活保障
教育機能	基礎的・専門的知識と技能の伝授	文化の伝達
保護機能 休息・娯楽機能 宗教的機能	家族員の生命・財産の保護 家族員の活動エネルギーの補充 家族員の精神的安定化	社会秩序の安定化
地位付与機能	社会的位坐の付与	社会秩序の維持

資料）石川実編『現代家族の社会学』有斐閣、1999年、p.71。

能が家族から社会へ移譲しているとみられる。ところが、家族機能縮小論には慎重な検討が必要である。

7　家族の内部構造

　現代の家族は、家族形態、機能の変化とともに内部構造も変化してきた。内部構造の変化は社会経済的要因の影響による場合が多い。わが国の近代以後の家族生活における権力構造の変化の特徴は、長男が絶対的権力をもっていた家父長家族から、家族成員が平等の権利をもつ現代家族に移行した点にある。

　R.ブラッド（Blood）とD.ウルフ（Wolfe）によれば、勢力（power）とは「他人の行動に影響を与えるような潜在能力」であり、権威（authority）とは「公認された勢力である」という。この定義によれば、家族生活における権力の保持者とは、家父長家族の家長および家長権の継承者である長男の権力的事実は容易に理解されるが、現代家族の権力構造は何によって把握が可能であろうか。

　P.G.ハーブスト（Herbst）は、家族の領域として、家事・育児・社会活動・経済活動の4つを区分して、質問項目をもとに、夫婦関係を調査した。その結果、夫支配型・妻支配型・夫婦協議型・自律型の4つの基本型が判明した。

　ブラッドとウルフはアメリカのデトロイトで調査を行い、ハーブストの手法を用いて、夫の職業選択、自動車の購入、生命保険の加入、休日の旅行、住居の選択、妻の就業、医師の選択、週当たりの食費予算について、夫と妻のどちらの意思で最終的に決まるか、を調査し、その結果を夫優位型、平等型（自律型・一致型）・妻優位型の3つにまとめている（図4）。調査の結果、一致型にこそアメリカにおける夫婦の勢力関係の特徴があると指摘した。日本でも同様の調査が行われ、日本（神戸市での調査）では自律型が7割を占めること、夫優位型はきわめて低率であること、妻の勢力は結婚年齢が長いほど大きいこと、などが明らかとなった（図5）。

図4　夫婦の勢力型の理論的分布

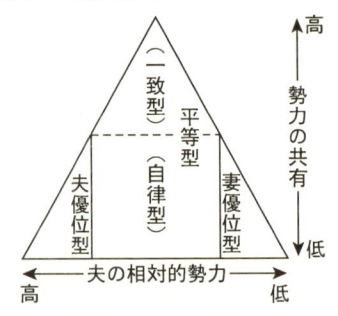

資料）増田光吉「家族の権威構造」、森岡清美（編）『家族社会学』有斐閣、1983年、p.64。

図5　夫婦の勢力型の分布（％）

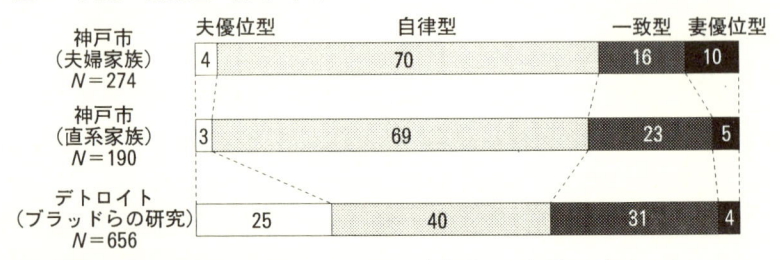

	夫優位型	自律型	一致型	妻優位型
神戸市（夫婦家族）N=274	4	70	16	10
神戸市（直系家族）N=190	3	69	23	5
デトロイト（ブラッドらの研究）N=656	25	40	31	4

注）思いのほか夫優位型が少なく、平等型（自律型＋一致型）が多い。
資料）増田光吉「現代都市家族における夫婦及び姑の勢力構造」、『甲南大学文学会論集』27、p.53。

　T.パーソンズらは、核家族における地位的役割には基本的な4つの型があるという。これらは夫婦間の年齢差、子ども数、男の子、女の子の別および子どもたちの年齢差などの家族周期（family cycle）の段階によって変化するが、どのような家族にも共通な枠組みは世代と性という軸であるという。この考え方からパーソンズらは核家族内の基本的な役割構造図を描いている。つまり、父―夫、母―妻、息子―兄（弟）、娘―姉（妹）というように、核家族内の地位は4つの系列に分化しているとした。この分化は、社会的には2つの軸の上での役割分化を表している。1つはヒエラルヒー（上下の位階関係に整序されたピラミッド型の組織）ない

図6 核家族の基礎的な役割構造

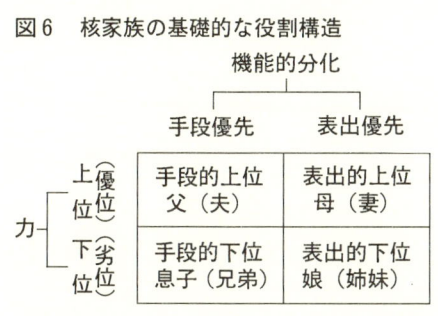

	手段優先	表出優先
上位（優位）	手段的上位 父（夫）	表出的上位 母（妻）
下位（劣位）	手段的下位 息子（兄弟）	表出的下位 娘（姉妹）

（機能的分化／力）

資料）新井郁男『教育社会学1』放送大学教育振興会、1991、p.72より一部改変。

し力（power）の上下ないし優劣の軸であり、もう1つは「手段的役割」（instrumental role）対「表出的役割」（expressive role）という軸である（図6）。

手段的役割とは、外部からその集団に情報や資料を導入し、集団が環境に適応するために役立つ役割である。表出的役割とは、集団の内部の調整を図り、成員の緊張を処理するために役立つ役割である。つまり、集団の成員間の緊張をときほぐし、集団の統合を高める"まとめ役"的役割のことである。このような役割を果たす中心人物は「手段的リーダー」、「表出的リーダー」と呼ばれている。

パーソンズらは理論を家族集団に適応して核家族のリーダーシップ構造を示している。つまり、「父―夫」が〈手段的リーダー〉となり、生活の手段を整えて家族を社会に適応させ、授乳などの役割を担う「母―妻」が温かさ、満足、安定、慰安の焦点としての〈表出的リーダー〉となって情緒的雰囲気の中で成員の統合と精神的安定を図る、というものである。

この役割は単に家族内の役割にとどまるものではなく、社会における男性および女性の役割であるという意味において、この過程はまさに社会化（socialization）の過程である。

8 日本の家族

1）家制度

明治政府は政権確立と国家権力拡大のために、家族の道徳的および法的統制についてきわめて強い関心を示した。それは、家族がそれぞれの社会において社会構成員のパーソナリティ形成にとって決定的な影響を及ぼすからである。

明治民法1898（明治31）年は、強力な家父長権の上に立った「家族制度」を規定し、第二次大戦終了まで、実施された。家制度とは、戸主（家の長）が、家族を統率する権利（戸主権）を持つ家族のあり方を定めた戦前の制度である。「日本の家族」という言葉は、英語のhome、house、familyではない。

明治民法によれば、人はすべてつねに「家」に属し、戸主である場合は戸主権をもち、家族の居所を指定する権利、家族に対して婚姻、養子縁組、分家などの身分行為を許諾する権利、祖先祭祀の権利などが保障されていた。戸主でない場合は家族として戸主権の支配をうけなくてはならない仕組みになっていた。

2）家制度の廃止と家族の近代化

女性参政権の施行と日本国憲法の制定に合わせて、1947（昭和22）年に民法が大規模に改正され、親族編・相続編が根本的に変更されたために、家制度は廃止された。明治民法によって強調された家本位、戸主（家長）中心の法体系は、個人の尊厳と両性の平等を規定した憲法にしたがって、改正民法によって改められ、家制度の廃止、婚姻、離婚、相続などに関する夫婦間の法的平などが強調される。家族規範も、個人主義的イデオロギーを軸にして、夫婦の平等と個人の自立を建前とする夫婦家族制規範へと移行し、それはマス・メディアや教育機関を通して次第に拡大し定着する。

わが国の近代化は、前近代的な「家」を土台として発展してきたが、第

二次大戦後の産業化、都市化が進行する中で、職住分離を促し、「夫は外で働き、妻は家庭で専業主婦として家族員の世話を引き受ける」（性別役割分業）という、西欧型近代家族が誕生してきた。一方で教育やマス・メディアを通じて、夫婦と子ども中心の愛情あふれる西欧型近代家族が、「家庭（ホーム）」として紹介され、望ましい家族像として国民に影響を与えた。

3）世帯人員の変化

わが国の世帯の平均人数の推移をみると（図7）、1920（大正9）年から1955（昭和30）年までの35年間はほとんど変化することはなく、ほぼ5人であった。ところが、1960年以降急速に減少し始め、現在もこの傾向は続いている。わが国の世帯規模の変化がいかに急激であったかがわかる。世帯規模の縮小化自体は世界的な傾向で、とくに欧米諸国でも著しく、3人を割って2人に近づいている。このような量的構成の変化は、家（イエ）の変動の反映と理解することができる。このような変化をもたらす要因は、

図7　平均世帯人員の推移

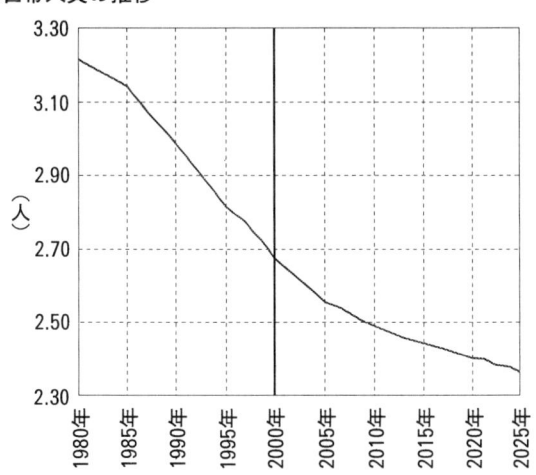

資料）国立社会保障・人口問題研究所「日本の世帯数の将来推計（全国推計）の概要」[2003（平成15年10月推計）―2000（平成12）年～2025（平成37）]。

出生率の激減、単身者の増加、少子化、核家族の増加などによるものである。

4）世帯構造の変化

世帯数は増加傾向にあり、世帯構造の変化をみると、単独世帯と核家族世帯（夫婦のみの世帯、夫婦と未婚の子のみの世帯、ひとり親と未婚の子のみの世帯を合わせた世帯）が増加傾向にあり、三世代家族は減少傾向となっている（表2）。

表2　家族類型別一般世帯数及び割合

年次	一般世帯 総数	単独	核家族世帯 総数	夫婦のみ	夫婦と子	ひとり親と子	その他
世帯数（1,000世帯）							
1980年	35,824	7,105	21,594	4,460	15,081	2,053	7,124
1985年	37,980	7,895	22,804	5,212	15,189	2,403	7,282
1990年	40,670	9,390	24.218	6,294	15,172	2,753	7,063
1995年	43,900	11,239	25,760	7,619	15,032	3,108	6,901
2000年	46,782	12,911	27,332	8,835	14,919	3,573	6,539
2005年	49,040	14,218	28,575	9,851	14,666	4,058	6,247
2010年	50,139	15,169	28,990	10,421	14,169	4.400	5,981
2015年	50,476	15,984	28,731	10,589	13,517	4,625	5,761
2020年	50,270	16,663	28,033	10,507	12,776	4,750	5,574
2025年	49,643	17,159	27,089	10,291	11,998	4,794	5,401
割合（％）							
1980年	100.0	19.8	60.8	12.4	42.1	5.7	19.9
1985年	100.0	20.8	60.0	13.7	40.0	6.3	19.2
1990年	100.0	23.1	59.5	15.5	37.3	6.8	17.4
1995年	100.0	25.6	58.7	17.4	34.2	7.1	15.7
2000年	100.0	27.6	58.4	18.9	31.9	7.6	14.0
2005年	100.0	29.0	58.9	20.1	29.9	8.3	12.7
2010年	100.0	30.3	57.8	20.8	28.3	8.8	11.9
2015年	100.0	31.7	56.9	21.0	26.8	9.2	11.4
2020年	100.0	33.1	55.8	20.9	25.4	9.4	11.1
2025年	100.0	34.6	54.6	20.7	24.2	9.7	10.9

注）四捨五入のため合計は必ずしも一致しない。
資料）国立社会保障・人口問題研究所「日本の世帯数の将来推計（全国推計）の概要」
　　［2003（平成15）年10月推計］―2000（平成12）年～2025（平成37）。

核家族世帯の比率は、1920（大正9）年に54％であったが、その後のゆるやかに上昇し、1960（昭和35）年には60.2％になった。ところが、1975年には63.9％となり、わずか20年間に4.3％もの上昇をみせた。1960年頃からの約15年間は核家族化が急激に進み、現在もこの傾向は続いている。
　1960年以降の変化はきわめて大きい。他方、直系家族世帯は第二次大戦後から漸次減少傾向をしており、直系家族形態を理念とする家（イエ）の変容を表している。1980（昭和55）年以降、核家族世帯の比率は少しずつ減少しているようにみえる。その原因は、単独世帯の増加が著しいために核家族世帯の比率が低下したことにある。

5）出生数・出生率の低下

　出生数は、第1次ベビーブーム期（1947〜49年）には1年間に260万人以上であったが、その後は減少傾向にあり、第1次ベビーブーム期に生まれた女性が出産したことによって1971年〜49年には第2次ベビーブームとなり、1年間に200万人を超える出生数があった。1975（昭和50）年以降は減少を続け、1992（平成4）年以降は減少を繰り返しながら、ゆるやかな減少傾向であったが、2001（平成13）年からは5年連続で減少した。2006（平成18）年には6年ぶりに増加したが、2007（平成19）年以降は減少、増加を繰り返し、2012（平成24）年には103万7,101人となっている。
　出生率を表す方法の1つとして、よく用いられるのが合計特殊出生率（その年次の女性の15歳から49歳までの各年齢別出生率を合計したもので「その年の出生率」）の推移をみると、1960年代は、第2次ベビーブーム期を含め、ほぼ2.1台で推移していた。1975年には2.00を下回ってから低下傾向が続いていたが、2006年に6年ぶりに上昇した。2012年には1.41で前年よりも0.2ポイント上昇した。人口の増減は、出生、死亡、ならびに人口移動（移入、移出）の多寡によって決定される。ここでは移出入がないとすると、長期的な人口の増減は、出生と死亡の水準で決まることになる。そして、ある死亡の水準の下で、人口が長期的に増えも減りもせずに一定となる出生

図8　出生数及び合計特殊出生率の年次推移

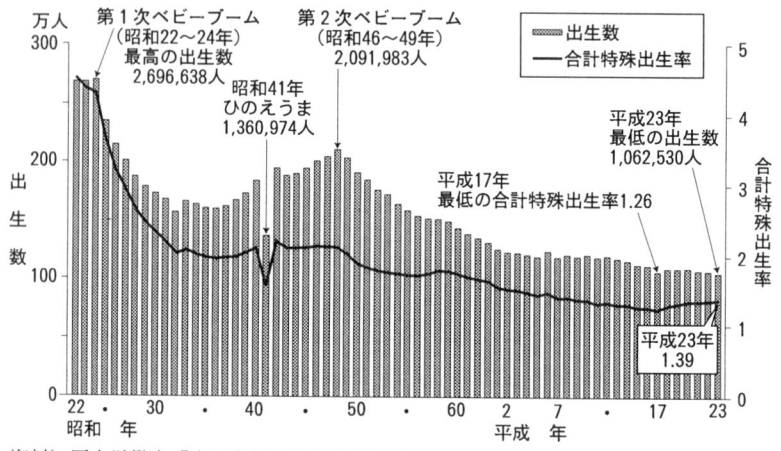

第1次ベビーブーム（昭和22～24年）最高の出生数 2,696,638人
昭和41年 ひのえうま 1,360,974人
第2次ベビーブーム（昭和46～49年）2,091,983人
平成17年 最低の合計特殊出生率1.26
平成23年 最低の出生数 1,062,530人
平成23年 1.39

資料）厚生労働省「人口動態統計」平成24年。

の水準を「人口置換水準」と呼んでいる。たとえば、現在のわが国における死亡の水準とした場合、合計特殊出生率の人口置換水準は、概ね2.07～2.08となる。

わが国の出生率の低下の原因としては、20歳代の未婚率の上昇、晩婚化によってもたらされたものと考えられる。

なお、2012年の死亡数は125万6,254人で、死亡率は（人口千対）は10.0％であり、1983年頃から人口の高齢化によって、死亡率はゆるやかに上昇傾向を示し、出生数を死亡数が上回る「多死社会」となっている。

6）高齢者世帯の推移

65歳以上の高齢者のいる世帯について世帯構造別の構成割合でみると、三世代世帯は減少傾向である一方、親と未婚の子のみの世帯と夫婦のみの世帯は増加傾向にある。1980年では世帯構造の中で三世代世帯の割合が一番多く、全体の半分程度を占めていたが、2012年では夫婦のみの世帯が一番多く約3割を占めており、単独世帯と合わせると半数を超える状況である。

第3章 家族の生活

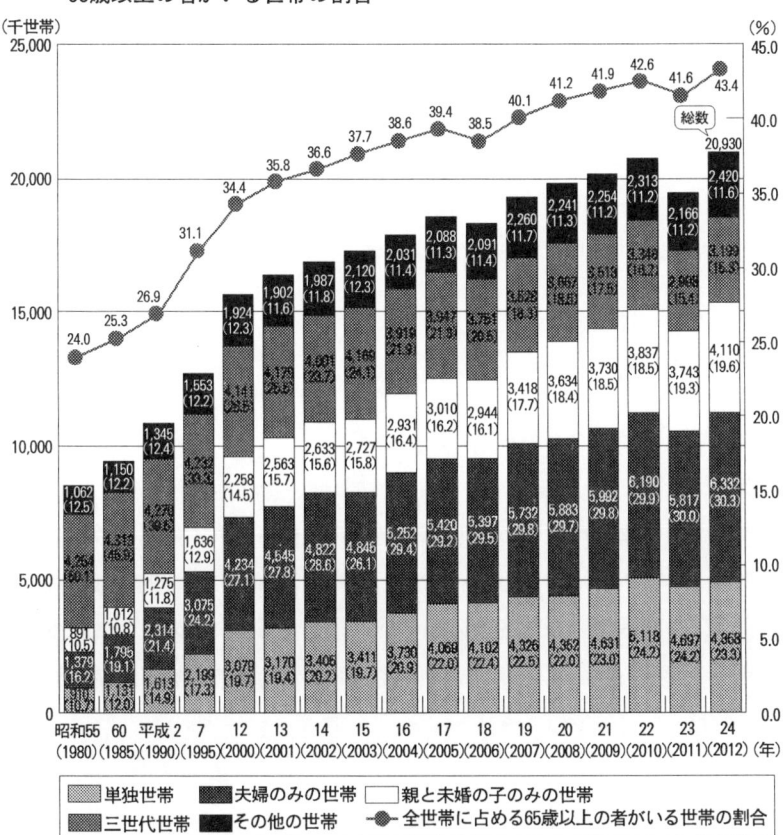

図9 65歳以上の者のいる世帯数及び構成割合（世帯構造別）と全世帯に占める65歳以上の者がいる世帯の割合

注1）平成7年の数値は兵庫県を除いたもの、平成23年の数値は岩手県、宮城県及び福島県を除いたもの、平成24年の数値は福島県を除いたものである。
2）（ ）内の数字は、65歳以上の者のいる世帯総数に占める割合（％）
3）四捨五入のため合計は必ずしも一致しない。
資料）昭和60年以前は厚生省「厚生行政基礎調査」、昭和61年以降は厚生労働省「国民生活基礎調査」

　国立社会保障・人口問題研究所の世帯数の将来推計（2013年）によると、世帯主が65歳以上の世帯に占める世帯主が75歳以上の世帯の割合は、それぞれ増加傾向にある。夫婦と子からなる世帯では2010（平成22）年の30.0％から2035（平成47）年には45.7％となり、夫婦のみの世帯では41.7％、56.1

%、ひとり親と子の世帯は50.3%から65.3%、その他の一般世帯では46.7%から61.4%、単独世帯は54.1%から61.1%へとそれぞれ上昇し、どの家族類型でも世帯の高齢化は進むと推計されている。

　子どもと同居している高齢者（65歳以上の者）の割合は、1980（昭和55）年は約7割であったが、1999（平成11）年には5割を切り、12年には42.3%になっている。他方、子どもと同居していない者をみると夫婦のみの世帯が37.5%、単独世帯が16.1%となっている。

9　家族生活の諸相

1）ライフサイクルからみた家族生活

　ライフサイクル（life cycle）とは、幼年期、青年期、壮年期、老年期を経て死に至るまでの人生の規則的変化の過程をいう。イギリスの経済学者B.S.ラウントリー（Rowntree）は、生存レベル最低限の貧困線を確立させ、ヨーク市の貧困調査を1899年に行ない、労働者には一生のうちに幼少期、子育ての時期、高齢期、の3度貧困性以下の生活水準に陥る時期があることを発見した（図10）。

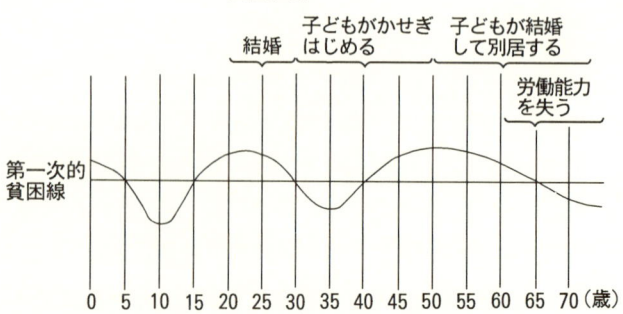

図10　ラウントリーの貧困曲線

（資料）B.S. Rowntree, *A Study of Town Life*, 1901.
　　　長沼弘毅訳『最低生活研究』ダイヤモンド社、1959による。

この調査の結果は貧困の存在を明らかにして当時の社会に大きな影響を与えた。その貧困測定の基準は生存最低限の貧困線で、後々まで貧困測定に使われることとなった。

一生のうちにみられる規則的なパターンがあるならば、出生、教育、職業、結婚などの家族生活の各ステージを設定した標準的なモデルを準備することができる。しかし、ライフサイクルは個人を対象としたものであるが、ライフサイクルの用語には、もう1つの意味がある。それは、個人よりは家族の生活周期を指すものである。この場合、家族のライフサイクル（家族周期）とは、結婚、子育て、子どもの独立、家族単位の解体などを含む過程であるが、家族はいつの時代・社会においても同じ周期で、家族生活が繰り返し行われているわけではない。家族周期の変化は、教育、職業、結婚などの家族生活に関わるさまざまらライフイベントの影響や出生率の変化や平均寿命の上昇によってもたらされる。

出生率の変化と平均寿命の上昇は、家族周期を大きく変化させている。

ところが家族周期は、特定の時期の標準的な一般モデルを描くことができ、ある特定の時期との家族周期の違いを鮮明に描くときには有効性を発揮するが、社会が複雑化・多様化する現代家族の個別性に対応することは困難である。そこでライフコース（life course）というとらえ方が考案され、1970年代頃から注目されるようになった。

2）ライフコースからみた家族生活

ライフコースの考え方も進学、就職、結婚、出産、定年退職など人生を彩るイベントをたどる一生の道筋をさすが、ライフコースは、人生の各段階が固定したものではないという意味で用いられる。エルダーは、「ライフコースとは、年齢によって区分された生涯時間を通じての道筋であり、持続期間、間隔、および順序にみられる社会的パターンである」という。具体的には、個人が経験する出来事（進学、卒業、就職、結婚など）、さらには歴史的出来事を重視して、それとの関係で人生の進路をどのように選

択したかによって、その個人の人生を明らかにしようというものである。ライフコースは、特定の時代や社会の中で形成され、ジェンダー、社会階級、人種や民族の違いによって、ライフコースパターンには違いがみられる。

家族のライフコースとは、家族員の生活史や経歴の相互作用を分析することによって明らかになる。それぞれの役割、経験、期間が違うなかで、家族のライフステージ（家族周期段階）をどのように選択するかによってライフコースが違ってくる。家族のライフコースの1つの目安として図式化したものである。

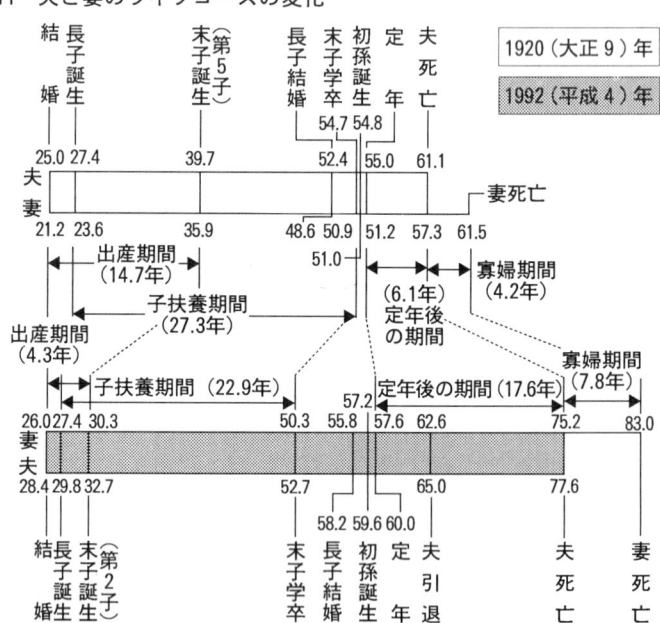

図11　夫と妻のライフコースの変化

注）厚生省人口問題研究所編『日本の人口・日本の社会』1988。
　　厚生省大臣官房政策課監修『21世紀福祉ビジョン』1994（一部改変）。
資料）藤崎宏子『高齢者・家族・社会的ネットワーク』培風館、1998。

時代の経過にともなう変化をみると、1971年生まれの場合には、夫婦ともに高学歴化が進み、晩婚化・非婚化が進んでいる。少子化の影響で出産期間が短くなり、定年が延長されたが、平均寿命が延びたために定年後の期間が長くなっている。結婚、子どもの誕生、それに続く子どもの教育期は、その後の結婚など、かつてはライフコース上の標準的なイベントとされてきたものが、従来どおりにはいくとはいえなくなり、またライフコースむの標準的なパターンがあるとはいえなくなっている。

　家族のライフコースの変化は、その社会、時代によって大きく変化する。わが国は、高齢社会を迎えて高齢期が長くなっていることから社会福祉サービスが必要となる。若者世代も非婚、子どもを持たない夫婦、離婚などが一般化することが予想されるなかで、社会福祉サービスの必要性は増大する。

3）ライフスタイルからみた家族生活

　ライフスタイルとは、生活のスタイル、意識・価値観・考え方・行動パターンなどにもとづいた個人の生き方である。成人がどのような人生の過ごし方を選択するかは基本的には個人の自由であるが、社会を構成する大多数の成人は家族というライフスタイルを選択する。成長した個人が自由に選択できるライフスタイルのうち、家族というライフスタイルだけは社会的に制度化されている。それは家族が社会の存続と安定に重要な機能をもつために、制度的に規定されたライフスタイルである。この意味で制度化されたライフスタイルの選択としての家族は社会的存在であるといえる。独身生活を続ける者、結婚しても子どもを持たない者（DINKS）、同性カップルなど、家族以外のライフスタイルの選択がしばしば偏見や差別の対象とされてきたのは社会的に制度化されていないためであった。

　人が家族というライフスタイルを選択することは、家族という集団生活を送ることを意味する。人は人生において地域、学校、職場など様々な集団に所属するが、家族がこれらの集団と基本的に異なるのは、家族が親族

集団であるという点である。

　親族集団とは、最も基本的な単位は夫婦という配偶関係、親子という血縁関係などである。親族関係の範囲は、男女の結合とその結果としての子どもの出生によって無限に広がる。親族であるがゆえに結合する生活集団が家族であり、家族はライフスタイルである前に親族集団である。

第3章　家族の生活

参考文献

石川実編『現代家族の社会学』有斐閣、1997年。

大橋薫「家族の機能」大橋薫・増田光吉編『家族社会学』川島書店、1966年。

マードック，G.P.『社会構造―核家族の社会人類学』内藤莞爾監訳、新泉社、2001年。

森岡清美「家族の構造と機能」『家族・村落・都市』東京大学出版会。

森岡・望月編『新しい家族社会学』培風館、1983年。

パーソンズ.T, ベールズ.R.F.『家族』橋爪貞夫他訳、黎明書房、1981年。

川島武宜『日本社会の家族的構成』日本評論社、1950年。

姫岡勤「戦後における家族の実態」『社会学評論』第7巻、27、28号、日本社会学会。

山根常男「家族の本質―キブツに家族は存在するか」『社会学評論』第13巻、52号、日本社会学会。

久門道利・齋藤幹夫ほか著『スタートライン社会学』弘文堂、2005年。

袖井孝子「家族」『家族』中央法規、2003年。

第4章　現代社会のグローバル化と雇用

Key Words　　グローバル社会　終身雇用　ワーキングプア　IT化
　　　　　　　ディーセントワーク

1　グローバル社会と家族の変容

　グローバリゼーション（Globalization）という言葉は、「世界規模化」を意味し、日本は、過去20年の間にグローバル化を加速させてきた。「グローバル化」は、1990年の半ばから主として、経済の動き、それに伴う人の動きを表現する現代的な言葉として、一般的に多用されるようになってきた。まさに、今日の世界の特徴を表す言葉として、様々な社会的、文化的、経済的活動のなかにおいて用いられている。そして、経済のみならず、政治・文化・環境など、人間の活動とその影響が、地球規模にまで拡大するというのが一般的な理解である。このグローバリゼーションは、貿易の拡大、航空機など交通機関の高速化、そして特にIT技術の出現によって、いずれの分野においても、今や世界のすみずみまで拡がり、人間社会に極めて大きなインパクトを与えている。

　グローバル化は、人々の生活水準や技術・知識の向上をもたらし、民主主義化の拡大につながる価値観を共有する。一方では、①環境問題、社会問題の発生源や広域的な地球規模に及び環境を破壊すること、②貿易などを通じて、企業間・国家間の競争の苛酷化、③自由競争の結果、勝者はますます富み、敗者は経済的な力を失うという貧富の差の拡大化、④ICTにより、大量の情報は瞬時に世界を駆け巡り、結果的には、文化のフラット化（文化の画一化）が進み、多様性や地域性が失われていくということも

ある。グローバル化が日本の雇用に及ぼす影響も大きくなり、グローバル化は功罪を相半ばにする。

2 グローバル化の影響と非正規雇用・ワーキングプア

1）グローバル化と非正規雇用

　グローバル資本主義の展開は、諸外国との経済交流の進展をもたらし、それにともなう法規制の変化により、雇用状況は大きく変った。1990年代に「労働者派遣法」が数次にわたり改正され、非正規雇用を巡る規制緩和が進んだことがその背景にある。1998年までは正規雇用、非正規雇用ともに増加していたが、その後、正規雇用は減少し、非正規雇用だけが増加した。この結果、図1のように、全労働者に占める非正規雇用労働者の割合は、1993年から2003年までの間に大きく増加し、2013年平均で36.7％を占めるまでに増加した。

　非正規雇用とは、雇用期間の限定のない労働契約による雇用を正規とみなし、その枠組みから外れる労働契約による雇用をいう。正規雇用は一般に、長期雇用、常用雇用、フルタイム、社会保険の適用といった特徴を有し、非正規雇用はこれらを有さない。また、雇用関係にはない請負やインディペンデント・コントラクターも実質的に雇用関係に類する働き方をしている場合、非正規（雇用）問題の範疇で議論されることが多い。非正規雇用が増加したのは、国際的な経済状況、国家の労働政策、人口構造などに起因する。非正規雇用の増加は、生活困窮の拡大を助長する要因となるだけではなく、非正規雇用という働き方が生活困窮につながりやすい社会的な仕組みを作ってしまったのである。非正規雇用であっても、適切な生活保障のもとで生活を維持できる、あるいは、立て直すことができる制度があれば、非正規雇用が生活困窮につながるリスクは低減される。いったん失業すると再就職が困難で、経済的に困窮し、生きる意欲を失ったりするのは、就業支援制度が十分でなかったり、必要な支援が必要な人々に届

第4章　現代社会のグローバル化と雇用

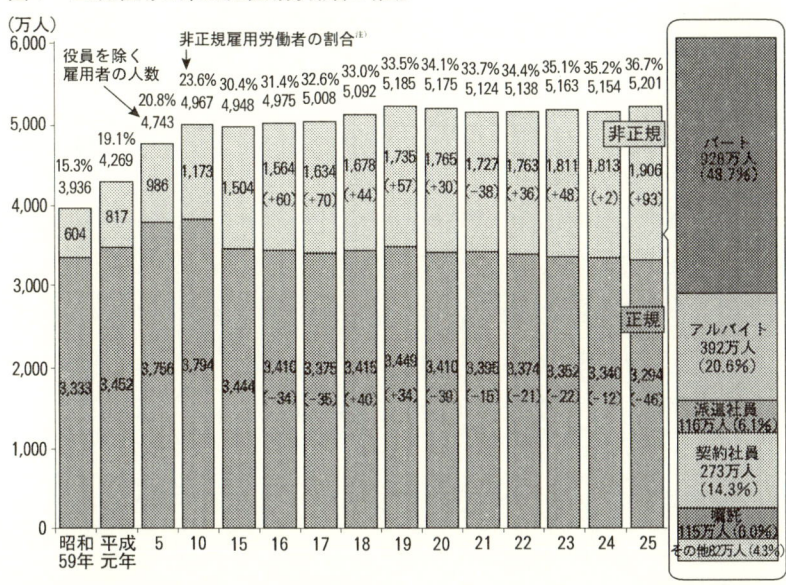

図1　正規雇用と非正規雇用労働者の推移

注）非正規雇用労働者には、勤め先での呼称が「パート」「アルバイト」「労働者派遣事業所の派遣社員」「契約社員」「嘱託」「その他」である者。割合は、正規雇用労働者の合計に占める割合。
資料）総務省「労働力調査（特別調査）」

きにくかったりするからである。

　こうした非正規雇用という就業形態は、終身雇用・年功序列賃金などで特徴づけられていた日本的雇用を大きく変化させることになった。その一因は、経済のグローバル化、人材のグローバル化にある。かつて、男性が家族の生計主体者として正規雇用で働き、女性がパートタイム就労（非正規雇用）で働くことが主流であった時代には、非正規雇用労働者の増加は問題とは認識されなかった。現在は、非正規雇用労働者でありながら、主たる稼ぎ手であるケースも見られるようになり就労の主流化は「男性・正規雇用」を大きく変えた。グローバル化の波は、いたるところで経済格差を生み出すという負の要因にもなっている。

　これを解決するためには社会保険の仕組みや最低生活を保障する公的扶

助のような社会保障制度について、非正規費用の存在に配慮しながら制度全体の整合性がとれるような新たな枠組みを再設計する必要がある。非正規雇用が増える傾向は日本だけではなく、世界的な傾向でもある。我が国と同じく、EU主要15カ国でも1990年代にパートタイム労働者や有期契約労働者が増加している[1]。

グローバル化を推進したIT化の進展は、中間的な賃金水準の職種で、人による会計処理業務などをITにより処理できるようになったことで、就業構造も大きく変化させた。結果、IT化の波に乗れない人々は、低賃金の単純労働の職種へと押し出されることになった。他方、より高度な教育を受け新技術の活用能力を有する人々は、さらに高い付加価値を生み出す高賃金の職種で能力を発揮する。こうして、雇用は二極化をもたらした。この傾向は当初アメリカで顕著にみられた。日本企業の場合でも、IT化の進展が非正規雇用の活用やアウトソーシングを促進する傾向にあり、もはや同時進行的に技術進歩が海を越え、非正規雇用を増加させる要因を作り出している。また、グローバル化の進展は、競争の激化を生み、それにより貿易財を生産することによって、競争力の弱い国内中小製造業部門に対する価格引き下げ圧力が強まり、人件費圧縮を目指し、非正規雇用の増加を発生させるという結果をもたらすことも多くなった。ただし、企業によっては、グローバル化の進展によって利益を得やすい場合とそうでない場合があり、グローバル化と非正規雇用と関係が異なる結果になる場合がある。たとえば、海外生産比率が高く、積極的に海外に事業展開しているような企業では、グローバル化が進めば、国内での正規職員の採用を増加して対応するような局面も現れる[2]。

2）家族生活とワーキングプア

1990年代以降、わが国の雇用情勢はグローバル化によって大きく変化してきた。近年の就業構造の変化は、グローバル化の急激な進展による、労働者の適応困難をもたらすことになり、職業の不安定化と賃金低下を引き

起こし、雇用社会は正社員と非正社員の二極に大きく分断されることとなる。分断化は、労働条件の格差だけでなく、仕事内容やキャリア、職場環境などの労働生活の在り方が異なることになり、結果として社会保障や老後の生活に至るまで異なる2つの階層を生み出すことになる。若者の失業問題は特に深刻であり、雇用の不安定が拡大している。厳しい雇用情勢の中において就業しているにも関わらず、生活困難な状況が生じている。労働条件の面からも、非正社員の場合は正社員に比べて賃金面での格差が大きいことは明らかであり、バランスの取れた働き方が崩れてきている。このような現実では、社会保険への未加入が広がることが懸念されることや非正社員を増進することにより、本来、労働者として有しているはずの権利そのものが、失われてしまう。近年の雇用情勢は多様な問題を抱えており、貧困や社会的格差の現状はむしろ格差が広がりつつある。とりわけ、近年の経済的に脆弱なワーキングプアは深刻な社会問題となっている。

　ワーキングプアとは、「働いているにもかかわらず生活困難な状況にあること」であり、「働く貧困者」と呼ばれている。稼働層の貧困は深刻化してきており、「貧困世帯の子どもがまた貧困に陥る」という貧困の世代間継続の問題を引き起こしている。ワーキングプアとは、1980年代のアメリカではじめて登場した言葉である。資本主義を徹底するために、所得格差の拡大を容認する姿勢をとったことから、ワーキングプアが増大していくこととなった。ワーキングプアに関する明確な定義や基準が確立しているわけではないが、日本では年間収入が200万円に満たない人達などが該当するとされる。現在の状況では、①日本における労働者の4人に1人がワーキングプアの現状である、②女性の方が多いが、増加傾向にあるのはむしろ男性の方であるなどの現状がある。

　ワーキングプアが増える理由としては、日本の雇用形態が正規雇用の数を減らして、派遣社員や契約社員、嘱託社員、パートタイマー、アルバイトなどの非正規雇用の数を増やしていることが原因と考えられる。企業経営において、人件費は最大の懸念材料であり、人件費の抑制に力を入れる

企業も多い。正規職員と非正規職員とでは、生涯所得に開きが出来てしまう。しかし、正規社員の中でも業績が厳しい企業や個人事業で働く人も増えてきており、正規社員においてもワーキングプアが拡大してきている。一度、ワーキングプアに陥ると、構造的にその状況から脱却するのが難しい現状がある。多くの場合、人生における様々なリスクを回避するための行動を取るが、ワーキングプアに陥った人にとって生活上のリスクに備えるだけのスキルを有していないことが多い。所得が低いために、自分にとってリスク回避となる行動が取れないのである。所得のほとんどが生活費に回ってしまうことにより、自己実現に向けた行動が取れないことから、貧困の状態が固定化してしまうことがある。その結果、若年労働者は結婚することも困難になり、自己の家族を有する機会を逸するということにもなる。生活保護制度を受ける世帯が最後のセーフティネットとして生活保護制度を利用するのである。

3　ディーセントワーク

　ディーセントワーク（Decent Work）には明確な定義はなく、ILO (International Labour Organization) の報告書では、ディーセントワークにおいて、「権利が保護され、十分な収入があり、適切な社会保護が供与された生産的仕事」を意味しているとしており、ディーセントの意味としては、「きちんとした、人並み程度の収入がある」であり、「働く価値のある仕事」と訳している。ILOは、労働の世界において人々の置かれている状況を改善することを使命として、ディーセントワークのための持続的機会を見出すことを目標としている。ILOの主要な目標として、自由・公平・安全・個人の尊厳を条件として、性別に関係なくディーセントな仕事を確保するための機会を促進している。そのため、ILOでは、主要目標であるディーセントワークと実現するための4つの戦略目標として、①労働における権利、②雇用、③社会保護、④社会対話を掲げるなどとしている。これらの

4つの戦略目標は、全体をバランス良く総合的に遂行すること、それぞれの目標を通じて遂行されることが必要である。

　ディーセントワークの確保として、単なる仕事を創出するのではなく、個人（家族含む）が受け入れることのできる質の仕事の創出を目指している。すべての社会において、ディーセントワークの概念を有しているが、雇用の質には多くの意味がある。価値観や満足感とも関連するだけでなく、仕事の形態の違いや条件の違いとも関連することだろう。加えて、仕事における脆弱性や不測の事態に対しても取り組む必要がある。労働者の権利を守るための手段としても、社会対話の促進も必要となるだろう。いずれにせよ、現代の雇用情勢を考慮した上で、個人の尊厳を守ることができる雇用体制の構築が求められている。

4　就職活動（就活）

1）2016年卒業予定者以降の就活スケジュール

　従来から就職活動のスケジュールについては、就職活動開始時期の前倒しにより、「活動開始が早過ぎる」「学業に十分に取り組めない」などの議論があった。そのような議論を踏まえて、日本経済団体連合会（経団連）が就職活動時期の繰り下げを決定した。具体的には、現在学部3年生の12月に採用情報や説明会情報が解禁されていたのを、2016年卒業予定者（現在の学部3年）より、学部3年の3月からの解禁、採用選考開始は4年生の8月（現在は4年生の4月）からのスタートとなる。経団連が加盟する企業に示したガイドラインによると、①公平・公正な採用の徹底、②正常な学校教育と学習環境の確保、③採用選考活動早期開始の自粛、④採用内定日の遵守、⑤多様な採用選考機会の提供を掲げている。具体的には、公平・公正な採用の徹底に努め、男女雇用機会均等法や雇用対策法に沿った採用選考活動を行う中で、学生の自由な就職活動の妨げにならないようにすること、学業に専念できるように採用選考活動の早期開始を自粛するこ

と、正式な内定日は、卒業・修了年度の10月1日以降とすることなどを示している。

しかし、新しいガイドラインにはいくつかの課題も残っている。①経団連に加盟していない企業への対応である。すなわち、従来通りの就活を進めることで、本来目的としている効果が限定的になるからである。②選考期間が短くなることへの不安である。選考開始が遅くなっても卒業時期は同じであるために、単に活動期間が短縮されるだけとなってしまうことが懸念されるからである。学業は就職活動を兼ねることにもなるので、学生の不安を解消しつつ、学業と就職活動のスケジュールが学生全般に公平・公正に適用されるように、経団連に加盟していない企業に対しても働きかけていくべきである。

2）就職活動の進め方
（1）就職活動において準備するもの

就職活動とは、時間とお金が掛かるものである。苦労もせず、お金を掛けずに採用を勝ち取りたいというのは難しい話である。まずは、就職活動に必要な必須アイテムを準備することから始まる。表1下記の項目は必須アイテムとその他に分類しているが、あくまでも項目であり、スーツ1つとっても様々な種類があるために、服装（外見）の選択から就職活動は始まっていくものである。高価なものを揃えるのではなく、清潔感や若者らしさが感じられるような身なりを整えることが採用試験（特に、面接）にお

表1　就職活動において準備するもの

必須アイテム	男女共通：スーツ、ベルト、バッグ 男　性：ネクタイ、シャツ、シューズ 女　性：ブラウス、パンプス
その他の必須アイテム	パソコン、書類（履歴書・証明書等）、写真、就職活動対策資料、ビジネス関連雑誌、交通費・通信費等

資料）友寄秀俊（2013）『2015年度版就職活動スタートブック』p.4-5。

いて好印象を与えるだろう。とりわけ、情報社会になっている現代において、ソーシャルネットワークの活用は、就職試験において有効な手段である。効率的な就職活動を展開するためにも、インターネット環境の確認は必要となる。

　準備するものの中で特に注意が必要なものが、「履歴書」や「エントリーシート」である。これらは、就職活動を行う上で必ず求められるものであると同時に、自分自身の分身ともいえる存在である。書いた内容に加え、書き方や写真、書類の発送方法に至るまで、細やかな気配りと適切な対応が求められることになる。履歴書などは、作成次第、就職活動を支援してくれる部署で指導してもらうこと、書いた内容の把握のためにも、コピーを取った上で、メール、FAX、郵送などの適切（指定されている場合もある）な手段と方法で実施することが求められる。当然のことではあるが、相手先に届くまでがエントリーであることを忘れてはならない。

（2）就職活動の取り組み方
　就職活動は、情報収集が全てであるといっても過言ではない。しかし、情報収集といっても数多くある企業の中から自分が働きたいと考える企業を見つけることは決して簡単なことではない。希望する就職先を見つけるためにも、「自己分析」と「企業研究」に取り組むことから始めるべきである。就職活動のスケジュールが変更となり、学生の中では混乱が生じることも予想されるが、「自己分析」と「企業研究」については、スケジュールは関係なく取り組むことができるはずである。むしろ、就活が解禁される前にどのような準備を行うかを知り、就職活動開始前にしっかりと準備しておくことで、取り残されることのないようにしていかなければならない。

　はじめの事前準備として、「自己分析」と「企業研究」、「試験対策」が挙げられる。「自己分析」については、履歴書の作成を行うことで自己PRを行ってみることが効果的である。履歴書を作成する過程では、学生生活の振り返りや自分自身の性格分析なども可能となる。さらに、自分自身の

関心領域を明確にすることで自己分析結果と関心領域にミスマッチが生じていないかを冷静に判断することも可能となる。次に、「企業研究」を行っていくことになる。「自己分析」の結果を踏まえて、自分が関心を持っている企業について研究することで、自分に適した就職先となり得るかを判断することができる。最後に、「試験対策」の実施である。採用試験は業種や職種によって異なるが、一般的な試験対策と希望する企業の過去の採用に至るまでの経過を調べて、できることから始めていくとしっかりとした準備ができるだろう。就職活動を無事に乗り切るためには、企業側のスケジュールに合わせる必要はあるが、自分でできることを早期に開始して、最低でも就職活動の対象企業の選定を済ませておくことが必要である。全く興味がなく絶対に志望しない業界を決めておくと、対象を絞ることができる。他にも不測の事態に備えることや効率的な単位の履修を進めておくこと、情報収集の徹底が考えられる。就職活動では希望する業界や企業のエントリーが予測とは異なる形で募集された場合へ対応するために、必ず求められる書類や情報（志望動機や学生生活、自己PRなど）については、いつ必要になってもいいように準備しておかなければならないものである。そして、学業としても効率的に単位取得を進めていけば、最終年次の学業負担を軽減することができ、就職活動の時間を確保することができるからである。最後に、最大のポイントは正しい情報を見つけ、活用することである。適切な情報源を用いて、様々な情報を収集することで不測の事態に対応できるように、適応力を高めることが必要である。

　就職活動における準備を進める中で、情報収集やOB・OG訪問、会社説明会への積極的な参加に加え、試験対策を進めていくことで、就職活動本番へ臨むことが理想である。

（3）会社説明会やインターンシップなどへの参加
　会社説明会は、企業の事業内容や経営方針などを聞くことができる貴重な情報収集の機会である。会社説明会への参加は積極性をアピールする機

会でもあるので、希望する業種や企業が会社説明会を開く場合は、積極的かつ確実に参加することが重要である。他にも、インターンシップの取り組みも推進されてきている。インターンシップは、学生が在学中に企業や自治体で就業体験を行うことである。インターンシップの種類は、業界理解型、ワークショップ型、現場実習型などがある。インターンシップは、社会貢献や教育機会の一環として位置付けられるものであり、インターンシップの実施と採用選考に直接の関係性があるわけではないが、インターンシップは就業体験として位置付けられているため、実際の企業を内部から見られる絶好の機会であることに変わりはない。さらには、インターンシップを受け入れる側にも、社員教育への効果も期待できる。ただ仕事をするのではなく、誰かに教えるとか見られていることは、特に若い職員の刺激にもなる。いずれにせよ、一定の期間であれ、指導を受けることができることは、将来のキャリア形成において役に立つ就業機会である。

3）就職活動対策

　最大の対策は、情報収集の徹底と採用試験対策である。はじめに、情報収集についてであるが、現代社会は多様な情報収集手段がある。逆にいえば、様々なツールを活用できなければ情報弱者となり、取り残されてしまうことになる恐れがある。情報収集は、就職活動において最大限行わなければならない行為であり、情報を制することで、はじめて就職活動に勝つことができるのである。様々な収集先があるので、まずはどのように集めるべきかを決めることから始めて、定期的に閲覧することで情報漏れがないように努めなければならない。

　次に、採用試験対策についてである。主な採用試験は、SPI（リクルートマネジメントソリューションズが提供する適性検査で、性格と能力の2領域を測定する）、適正検査、一般常識、論作文などがある。これらについては、試験対策として問題集を解いたり、時事ネタを集めたり、新聞や本を読む中で、文章能力を高めるように継続的に努めなければならない。さら

に、筆記試験に加えて、面接対策も実施しなければならない。面接といっても、筆記試験同様にいくつかの形式がある。個人面接、集団面接、グループディスカッション、プレゼンテーション面接などがある。それぞれの面接形態や基本的なマナーなどを検証し、実践（演習）する中で経験値を高めるように努めなければならない。

　以上のように、就職活動を展開することは、準備からカウントするとかなりの負担が強いられるものである。自分自身が求めるものは何かを明確にしながら、計画的に取り組んでいくことが必要である。

注
（１）パートタイム労働者が全就労者に占める割合は、EU主要15カ国平均で1992年の13.5％から2007年には18.2％に、有期雇用契約労働者が占める割合も、1992年の10.8％から、2007年の14.8％へと増加している（OECD統計）。
（２）NIRA研究報告書（2008/4）「就職氷河期世代のきわどさ　高まる雇用リスクにどう対応すべきか」総合研究開発機構。

第4章　現代社会のグローバル化と雇用

参考文献

ILO『ディーセントワーク第87回ILO総会（1999年）事務局長報告』ILO東京支局、2000年。

一般社団法人　日本経済団体連合会　2013年9月13日改定　「採用選考に関する指針」

越智通勝『就職の流儀　人生を良くする40の就活・メソッド』幻冬舎、2007年。

門倉貴史『ワーキングプア　いくら働いても報われない時代が来る』宝島社、2006年。

坂脇昭吉・阿部誠編著『現代日本の社会政策』ミネルヴァ書房、2007年。

下平好博・三重野卓編著『グローバル化のなかの福祉社会』ミネルヴァ書房、2009年。

友寄秀俊『就職活動スタートブック　2015年度版』株式会社洋泉社、2013年。

日経HR編集部『就職活動ナビゲーション　新版』日経HR、2014年。

『NIRA研究報告書』総合研究開発機構、2008年。

『労働経済白書』厚生労働省、2012年。

第5章　男女共同参画社会と生活

> Key Words　　男女共同参画社会　ワーク・ライフ・バランス
> ライフステージ　テレワーク

1　男女共同参画社会と家族の視点

1）男女共同参画を抜きにしては語れない労働市場

　男女共同参画白書（内閣府）は、2001（平成23）年の「男女共同参画社会の実現に向けて」の発行以来、日本社会が女性も男性も仕事と家庭と自分自身の活動を重視するようになってきたといえよう。

　2015（平成27）年には、第4次男女共同参画基本計画を策定し、ダイバーシティとワーク・ライフ・バランスに主軸をおき、2015年8月には「女性の職業生活における活躍の推進に関する法律」も成立し、女性の社会参画が更に向上していく趨勢にある。

　わが国が「男女共同参画」という名称を使用するようになったのは、2006（平成18）年総理府に「男女共同参画室」が設置されてからである。1946年、日本国憲法には、「法の下の男女平等」が宣言され、家族間において、教育の権利に関しても法制上の平等が明記され、その後の経済の高度成長期を経て、徐々に男女ともに雇用化が進展した。今後は、女性も男性と同様に活躍し、個性と創造力を発揮するわが国をつくることが不可欠の課題となってきている。

2）ワーク・ライフ・バランス（仕事と生活の調和）

　ワーク・ライフ・バランス（Work Life Balance, WLB）は、今やわが

国の働き方の大きな潮流として、男女の働き方を見直すと同時に、女性の力を社会活動の場で発揮するという社会通念を作りつつある。「女性の活躍こそが日本社会の原動力である」という考え方を示した政府の経済成長戦略は、積極的に女性の雇用を促しつつ、家庭を大切にすることといかにバランスをとるかが大きな課題ともなってきた。現代家族のあり方を考えていく上での1つの指針にもなる考え方である。

2007年12月に策定された「仕事と生活の調和（ワーク・ライフ・バランス）憲章」では、その定義を、「国民一人ひとりがやりがいや充実感を感じながら働き、仕事上の責任を果たすとともに、家庭や地域生活などにおいても、子育て期、中高年期といった人生の各段階に応じて多様な生き方が選択・実現できる」ことであるとされた。

政府は、その実現のために、①就労による経済的自立、②健康で豊かな生活のための時間、③多様な働き方・生き方選択といった部面に関する数値目標を設定した。さらに、2013年11月、内閣府、総務省、厚生労働省、経済産業省、文部科学省による日本再興戦略の中で、「日本再興戦略」における女性の働き方の改革を2020年までの数値目標を明示しつつ、①女性の活躍促進や仕事と子育てなどの両立支援に取り組む企業に対するインセンティブ付与、②女性のライフステージに対応した活躍支援、③男女がともに仕事と子育てなどを両立できる（WLB）環境の整備を3本柱として、総合的に展開することを決定した。

ILO第156号条約の趣旨に従い、男女ともに、個人としてのWLBと家族間におけるWLBという二面からとらえ、そのライフスパンと照らして、サクセスフル・エイジングを実現させるため、さらに「仕事（ワーク）」と「生活（ライフ）」のバランスの質（生活満足度）を検討しなければならない。

わが国のワーク・ライフ・バランスを推進するための基本的な考え方としての「仕事と生活の調和憲章」および、現状の分析は第8章に詳しい。

2 仕事と家庭とジェンダーギャップ

パーソンズ.T, ベールズ.R.F.『家族』において、男性は、外部への適応と課題遂行、すなわち職業に従事し、家族を社会とつなぐ手段的役割 (Instrumental Roles) を優先させ、女性は、集団維持と成員の統合すなわち家事に従事し、家族間の調整を図る表出的役割 (Expressive Roles) をもつとし、性別役割分業モデルが形成されたとしている。

手段的役割と表出的役割を具有するようになった女性は個として、また、有配偶の女性は手段的役割を有する男性配偶者との「ワーク (仕事)」と「ライフ (家庭)」のバランスを図り、ジェンダーギャップを克服することが必要である。

女性が多数を占める看護師、社会福祉士 (ソーシャルワーカー)、介護福祉士、保育士などは、かつて女性占有職であった。伝統的に確立された医師、弁護士など男性が従事するとされてきた職種と比較すると、資格取得教育、就業所得、社会的評価の側面も資格間格差があり、准専門職として評価されてきたという歴史を持つ。看護や介護の専門職は、従来より女性の家族間役割であり、その延長線上ある女性に固有の専門職資格とみなされてきたと評される背景がある。

WLBの環境整備を促進するには、家族内に、手段的・表出的役割の女性と従来どおりの手段的役割の男性がいる場合は、女性の果たす役割の変化とそれによる過重負担の軽減を考慮した家族間でのWLBの調整の必要性を軽視しないということが肝心である。働く女性の家族にとって、「ワーク」と「ライフ」の相互影響性は大きく、男性も女性も家族員がそれぞれのWLBを相互調整することが必須になってきた。

家族状況により、男女によりWLBは異なり、家族員への影響度も異なる。働く女性にとって、「ワーク」と「ライフ」の子育て、介護および自分の時間とのバランスは容易ではない。今や「ワーク」と「ライフ」のバランスを考え、多様性のある生活の選択を促すということが求められる社

会になってきた。

　わが国は、先進国中で最もジェンダー色の強い国で、能力を社会で活かし活躍する女性は、まだ非常に少ない。管理職に占める女性割合も国際的水準からは程遠い。ジェンダーギャップは、国際的なジェンダー指数水準からも伺える。2012（平成24）年のHDI（人間開発指数）は、10位/187カ国であるにもかかわらず、GII（ジェンダー不平等指数）は21位/148カ国、GGI（ジェンダーギャップ指数）は、101位/135カ国という状況である。

　いずれの指数でも上位の国々は、HDI（ノルウェー、オーストラリア、米国）、GII（オランダ、スウェーデン、スイス）、GGI（アイスランド、フィンランド、ノルウェー）で、これらの国々に共通するのは、社会保障制度の充実と就業形態の変革を積極的に推進してきているということである。

　ヨーロッパ諸国のなかでも「皆が稼ぎ手（everyone a breadwinner）」といわれる社会を構築したスウェーデン、フィンランド、ノルウェー、デンマークそしてオランダなどや「男性が稼ぎ手の修正（modified male breadwinner）」の政策を行ってきたベルギー、フランスなどは、わが国のジェンダーギャップ改革の示唆に富む。

3　男女のライフステージと家族の課題

　WLBが生活満足度を向上させる環境を構築していくためには、男女いずれも自身および家族（子どもや老親）にとっても、ライフスタイルの見直し・調整が必然となる。特に、手段的役割を有する女性にとって、表出的役割とのバランス調整はしばしば、内的外的葛藤をもたらすことにもなる。表出的役割の過重負担は女性に見られるからである。

　女性の独占的職種となっていた看護専門職、社会福祉専門職、幼小教員は、現在においてもその比率は、女性が圧倒的に多い。看護職や介護職の交代勤務、長時間労働などは、ライフイベントと自身のキャリア形成上、就業継続の危機を乗り越えなければ成就するものではなかった。それは、

男女ともに女性に対する表出的役割遂行への期待と責任感を有してきたからである。特に、女性が雇用の場でもっとも仕事に集中できる体力と、能力をもち、知力を磨く時期が、結婚・出産・子育ての時期と重なり合い、仕事力が停滞・低下する時期となる。その後、仕事のキャリアを重ね、その成果実績に自信をつけ、中堅として、広く飛躍できる時期になると、老親の介護に直面する。このようなライフイベントは、男女ともに遭遇することではあるが、表出的役割職の強い女性に負荷がかかるという現実は解消されていない。女性のニーズとしてのWLBの課題は、それを実現できる環境にあるかまたは目指しているかということでもある。家族とともに生活することを重視し、安心して出産子育て・介護ができる環境、女性の開発力、組織マネジメント力、コミュニケーション力を十分発揮できる社会環境、女性の採用・登用を拡大化する環境、働く女性のロールモデルを作る環境や相互協力ネットワーク環境があるかどうかということに集約できる。

4 雇用と家族生活

1）子ども・子育て支援と仕事と家庭の両立

2013（平成25）年8月、『子ども・子育て支援新制度』が成立した。「子ども・子育て支援法」、「認定こども園法の一部改正」、「子ども・子育て支援法及び認定こども園法の一部改正法の施行に伴う関係法律の整備等に関する法律」の子ども・子育て関連3法に基づく制度である。

この3法は、子どもを大切にする社会を構築するという意図のもとに、「少子化対策から子ども・子育て支援」にシフトチェンジすることによって、若者が雇用など将来の生活に不安なく、子どもを生み育てるという個々人の選択が尊重され、それが実現される社会を実現する子ども・子育てを応援するという「未来への投資」へと方向性を定めた。

乳幼児期の教育や保育、地域の子育て支援を量・質ともに向上させるこ

とを目的とし、生活と仕事と子育ての調和を目指し、子どもを育てる養育者と育てられる子どもが安心して、希望がもてる生活対策を実施することとした。このような理念に基づき「子ども・子育てビジョン」(2011年1月29日閣議決定)は、「子どもが主人公(チルドレン・ファースト)」として、政策4本柱と12の主要施策から構成されている。

表1　子ども・子育てビジョンの基本的な考え方

1　社会全体で子育てを支える
　○子どもを大切にする
　○ライフサイクル全体を通じて社会的に支える
　○地域のネットワークで支える
2　「希望」がかなえられる
　○生活、仕事、子育てを総合的に支える
　○格差や貧困を解消する
　○持続可能で活力ある経済社会が実現する

資料) 文部科学省子ども子育てビジョン (抄) より作成、「平成22年度子ども子育て白書」。

表2　「目指すべき社会への政策4本柱」と「12の主要施策」

1　子どもの育ちを支え、若者が安心して成長できる社会へ
　1)　子どもを社会全体で支えるとともに、教育機会の確保を
　2)　意欲を持って就業と自立に向かえるように
　3)　社会生活に必要なことを学ぶ機会を
2　妊娠、出産、子育ての希望が実現できる社会へ
　4)　安心して妊娠・出産できるように
　5)　誰もが希望する幼児教育と保育サービスを受けられるように
　6)　子どもの健康と安全を守り、安心して医療にかかれるように
　7)　ひとり親家庭の子どもが困らないように
　8)　特に支援が必要な子どもが健やかに育つように
3　多様なネットワークで子育て力のある地域社会へ
　9)　子育て支援の拠点やネットワークの充実が図られるように
　10)　子どもが住まいやまちの中で安全・安心にくらせるように
4　男性も女性も仕事と生活が調和する社会へ (ワーク・ライフ・バランスの実現)
　11)　働き方の見直しを
　12)　仕事と家庭が両立できる職場環境の実現を

資料) 文部科学省子ども子育てビジョン (抄) より作成、「平成22年度子ども子育て白書」。

図1 育児・介護休業法

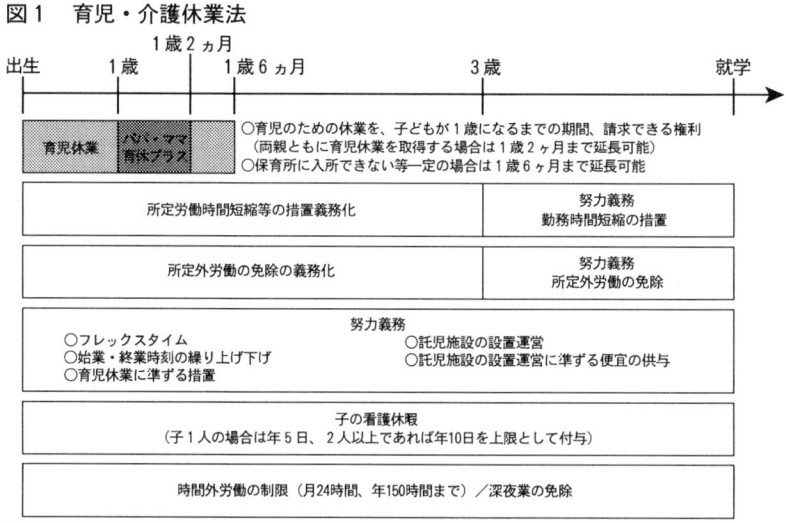

| 出生 | 1歳 | 1歳2ヵ月 / 1歳6ヵ月 | 3歳 | 就学 |

- 育児休業
- パパ・ママ育休プラス
  - ○育児のための休業を、子どもが1歳になるまでの期間、請求できる権利
    （両親ともに育児休業を取得する場合は1歳2ヶ月まで延長可能）
  - ○保育所に入所できない等一定の場合は1歳6ヶ月まで延長可能

| 所定労働時間短縮等の措置義務化 | 努力義務 勤務時間短縮の措置 |

| 所定外労働の免除の義務化 | 努力義務 所定外労働の免除 |

努力義務
- ○フレックスタイム
- ○始業・終業時刻の繰り上げ下げ
- ○育児休業に準ずる措置
- ○託児施設の設置運営
- ○託児施設の設置運営に準ずる便宜の供与

子の看護休暇
（子1人の場合は年5日、2人以上であれば年10日を上限として付与）

時間外労働の制限（月24時間、年150時間まで）／深夜業の免除

資料）「目で見る児童福祉 2014」

2）働き方と労働時間

　2006（平成18）年に厚生労働省1は、労働時間見直しガイドラインにおいて、育児・介護を行う労働者には、労働時間に対する配慮が必要であるとして、育児休業、介護休業、子の看護休暇、介護休暇、所定外労働の免除、時間外労働の制限、深夜業の制限、所定労働時間の短縮措置などを挙げている。労働時間や休業・休暇の設定・改善に取り組み、制度を利用しやすい環境の整備を義務づけた（図1）。

テレワークの活用と多様な雇用

　テレワークとは、ICT（情報通信技術）を活用する場所や時間にとらわれない柔軟な働き方である。雇用型（企業に勤務する場合）と自営型（個人事業者・小規模事業者の場合）の2種類がある。

　テレワークの意義は、①少子高齢社会対策として、女性、高齢者、障がい者などが、個々の働く意欲に応じ、その能力を遺憾なく発揮できる環境を実現することであり、それによる②ワーク・ライフ・バランスの実現、

表3　テレワークの主な形態

1　雇用型	
1）在宅勤務	自宅を就業場所とするもの
2）モバイルワーク	施設に依存せず、いつでも、どこでも仕事が可能な状態なもの
3）施設利用型勤務	サテライトオフィス、テレワークセンター、スポットオフィスなどを就業場所とするもの
2　自営型	
1）SOHO	主に専業性が高い仕事を行い、独立自営の度合いが高いもの
2）内職副業型勤務	主に他のものが代わって行うことが容易な仕事を行い独立自営の度合いが薄いもの

資料）総務省「テレワークの推進」より作成。

③地域活性化の推進、④有能・多様な人材の確保による生産性の向上、⑤非常災害時の事業継続などに有用性をもつということである。テレワークを活用して就業すれば、家族と過ごす時間、自己啓発などの時間を確保でき、子育てと仕事の両立ができる柔軟な就労形態で、自立もできる。既に、一部の自治体では導入され、広がりを見せつつある。

5　女性がともに働き続けるための支援制度

1）育児休業制度

　1991（平成3）年、わが国は、「育児休業、介護休業等育児または家族介護を行う労働者の福祉に関する法律（育児・介護休業法）を制定した。育児や家族の介護を行う労働者の職業生活と家庭生活との両立が図られるよう支援し、家族の福祉の増進と共に、社会、経済の発展に貢献できることを目的とした法制である。なお、2013年に育児休業の女性の割合は83.0％で、高い育児休業取得率を示している。厚労省の2014年度の雇用均等基本調査女性の取得率に比べ、男性は依然として低調であり、2013年の取得率は2.03％であった。政府目標の「2012年の男性の育休取得率13％」とはまだ大きな隔たりがある。

図2　育児休業取得率の推移（男・女）

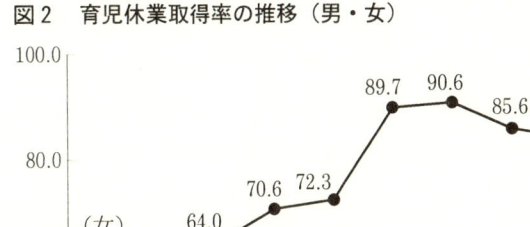

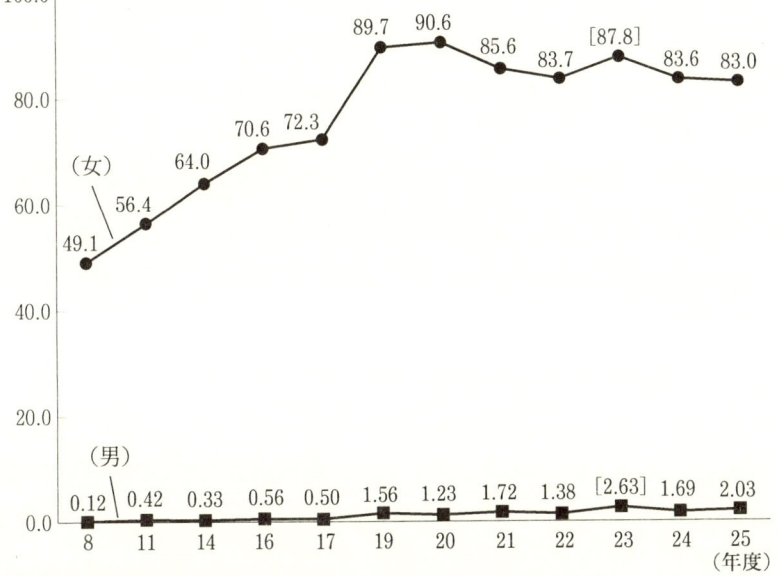

(女) 49.1　56.4　64.0　70.6　72.3　89.7　90.6　85.6　83.7　[87.8]　83.6　83.0

(男) 0.12　0.42　0.33　0.56　0.50　1.56　1.23　1.72　1.38　[2.63]　1.69　2.03

8　11　14　16　17　19　20　21　22　23　24　25（年度）

資料）「平成25年度雇用均等基本調査」の概況、厚生労働省、2013年。

6　ひとり親世帯の動向と就業支援

1）ひとり親世帯

　母子家庭、父子家庭、寡婦の定義は、母子及び父子並びに寡婦福祉法により規定されているひとり親世帯である。ひとり親世帯には、父親または母親のいずれかと、その子（児童）とからなる家庭および寡婦世帯を含む。寡婦世帯とは、配偶者のない女子であって、かつて配偶者のない女子として20歳未満の児童を扶養していたことのあるものである。母子家庭、父子家庭、寡婦家庭を総称して、単親（ひとりおや）世帯という。

　現行の母子及び父子ならびに寡婦福祉法は、当初は母子福祉法1964（昭和39）年に制定され、1981（昭和56）年に母子及び寡婦福祉法へと改正され、度重なる改正を経て、2014（平成26）年に父子世帯を含む法律へと改

正され、すべてのひとり親世帯を対象として、生活の安定と向上に必要な措置を講じるとこを目的とする法へと改正された。

厚生労働省の「ひとり親家庭等の現状について」(2015)によると、1988（昭和63）年には、母子世帯が84.9万世帯、父子世帯が17.3万世帯であった。ひとり親世帯は年々増加傾向を示し、2011（平成23）年には、母子世帯は123.8万世帯、父子世帯は、22.3万世帯と、この25年間で母子世帯は1.5倍、父子世帯は1.3倍に増加し、母子・父子世帯を合わせた「ひとり親世帯」は146.1万世帯である。

ひとり親になった理由としては、離婚率の上昇と共に、1988年には離婚母子世帯が、62.3％から2011年には80.8％に、父子世帯が55.4％から74.3％に増加している。逆に死別母子世帯は29.7％から7.5％に、死別父子世帯は35.9％から16.8％に減少している。未婚母子世帯は、3.6％から7.8％に上昇している。1988年には、未婚父子世帯はないが、2011年には、1.2％になっている。ひとり親世帯になった理由もこの25年間に離婚母子世帯は20％も増加しているといったように変化してきている。

ひとり親世帯は、ひとりで家族生活を支えなければならず、母子世帯の就労率は80.6％、父子世帯は91.3％であり、その差は接近してきている。しかし、その従業状況を仔細に見ると、母子世帯の母親の正規雇用率は43.0％であるのに対して、父子世帯では87.1％と雇用形態は大きく異なり、したがって、世帯収入には歴然とした格差がある。2015年度厚生労働省「ひとり親家庭等の現状について」によると、一般世帯の平均給与所得が男性507万円、女性269万円であるのに対して、父子世帯の平均年収が426万円（正規）、母子世帯は270万円（正規）である。なお、男女の正規雇用率・世帯収入の格差は、ひとり親世帯だけではなく、一般世帯においても同様である。

「ひとり親世帯」は、児童扶養手当需給世帯がその73％にものぼり、ひとり親世帯の親と子どもは、貧困問題に直面するリスクが高い。ひとり親世帯の相対的貧困率は2012年では、両親世帯の相対的貧困率が12.4％に対

して、ひとり親世帯では54.6%と過半数を占めている。2013年版子ども・若者白書によると、親の経済的理由により就学困難と認められ就学援助を受けている小学生・中学生は、約155万人と報告されている。

2）ひとり親世帯の生活状況

母子世帯の最も多い就労形態は「パート・アルバイト等」で47.4%を占めている。母子世帯となった女性は、非正規雇用の場合が多く、安定した生活のためにも正規雇用などの就業を可能にするための支援が必要である。

一方、父子世帯の男性の最も多い就労形態は、「正規の職員・従業員」が67.2%であり、就労収入は比較的多い。しかし、中には就業状態が安定しない場合もあると同時に、男性の就労時間が長いため、子育て・生活支援が必要となる。

表4 ひとり親家庭の主要統計データ（平成23年全国母子世帯等調査の概要）

		母子世帯	父子世帯
1	世帯数（推計値）	123.8万世帯	22.3万世帯
2	ひとり親世帯になった理由	離婚80.8% 死別 7.5%	離婚74.3% 死別16.8%
3	就業状況	80.6%	91.3%
	うち正規の職員・従業員	39.4%	67.2%
	うち自営業	2.6%	15.6%
	うちパート・アルバイト等	47.4%	8.0%
4	平均年間収入（世帯の収入）	291万円	455万円
5	平均年間就労収入（母または父の就労収入）	181万円	360万円

注1）上記は、母子又は父子以外の同居者がいる世帯を含めた全体の母子世帯、父子世帯の数。母のみにより構成される母子世帯数は約76万世帯、父子のみにより構成される父子世帯数は約9万世帯（平成22年国勢調査）。
　2）「平均年間収入」及び「平均年間就労収入」は、平成22年の1年間の収入。
資料）ひとり親家庭の現状と支援施策の課題について「平成23年度全国母子世帯等調査」。

3）ひとり親世帯の自立支援と家族生活

　政府は、2002年より就業・自立に向けた総合的な支援を強化し、①子育て・生活支援策、②就業支援策、③養育費の確保策、④経済的支援策の4本柱により施策を推進中である。2014年には、母子及び父子並びに寡婦福祉法・児童扶養手当法の改正により、ひとり親の安定した就業による自立、仕事と子育ての両立、子どもの健全な成長を目指すと同時に「子どもの貧困」の解消にも資することを目指して、支援体制の充実、就業支援施策及び子育て・生活支援施策の強化、施策の周知の強化、父子家庭への支援の拡大、児童扶養手当および公的年金などとの併給制限の見直しを行った。

表5　改正後の母子及び父子並びに寡婦福祉法

1　ひとり親家庭への支援体制の充実
母子家庭等が地域の実情に応じた最も適切な支援を総合的に受けられるようにする ①都道府県・市等による支援措置の計画的・積極的実施、周知、支援者の連携・調整 ②母子・父子自立支援員等の人材確保・資質向上 ③関係機関による相互協力について規定
2　ひとり親家庭への支援施策・周知の強化 ①就業支援の強化 　高等職業訓練促進給付金等を法定化し、非課税化 ②子育て・生活支援の強化 　保育所入所に加え、放課後児童健全育成事業等の利用に関する配慮規定を追加 　子どもへの相談・学習支援、ひとり親同士の情報交換支援等に係る予算事業を「生活向上事業」として法定化 ③施策の周知の強化 　就業支援事業、生活向上事業に支援施策に関する情報提供の業務を規定。

資料）「ひとり親家庭の支援について」、厚生労働省（2014）より作成。

3　父子家庭への支援の拡大
①法律名を「母子及び父子並びに寡婦福祉法」に改称。父子家庭への福祉の措置に関する章を創設
②母子福祉資金貸付等の支援施策の対象を父子家庭にも拡大するほか、母子自立支援員、母子福祉団体等や基本方針、自立促進計画の規定に父子家庭も対象として追加し、名称を「母子・父子自立支援員」、「母子・父子福祉団体」等に改称。

4　児童扶養手当と公的年金等との併給制限の見直し
公的年金等を受給できる場合の併給制限を見直し、年金額が手当額を下回るときはその差額分の手当を支給。

出典）「ひとり親家庭の支援について」厚生労働省（2014）より作成。

参考文献

パーソンズ.T, ベールズ.R.F.『家族』橋爪貞雄他訳、黎明書房、2001年。

東日本大震災後の「仕事と生活の調和」に関する調査報告書、内閣府男女共同参画室、仕事と生活の調査推進室、2013.3。

鵜沢由美子「専門職と女性」研究、pp.137、ジェンダー研究第1号、1998年。

仕事と生活の調和推進室、「ワーク」と「ライフ」の相互作用に関する調査報告書、2011年、内閣府。

内閣府「子ども・子育てビジョン」http://www8.cao.go.jp/shoushi/shoushika/family/vision/pdf/honbun.pdf（2014/12/14）

古橋紗人子（編）（2012）『赤ちゃんから学ぶ「乳児保育」の実践力―保育所・家庭で役立つ―』保育出版。

繁多進（編）（2009）『子育て支援に生きる心理学―実践のための基礎知識』新曜社。

子どもの権利に関する研究会（2015）『Q&A子どもをめぐる法律相談』新日本法規出版株式会社。

厚生労働省（2014）「働き方・休み方を見直して豊かでゆとりある生活の実現を！」http://www.mhlw.go.jp/new-info/kobetu/roudou/gyousei/kinrou/dl/101216_01a.pdf（2014/12/14）

厚生労働省（2013）「平成25年度雇用均等基本調査」http://www.mhlw.go.jp/toukei/list/dl/71-25r-03.pdf（2014/12/14）

http://ikumen-project.jp/pdf/handbook.pdf

厚生労働省（2014）「ひとり親家庭の支援について」http://www.mhlw.go.jp/file/06-Seisakujouhou-11900000-Koyoukintoujidoukateikyoku/0000059365.pdf

斉藤知洋（2014）「家族構造と教育達成過程―JGSSを用いたひとり親世帯出身者の分析」『日本版総合的社会調査共同研究拠点研究論文集』（14）pp.11-23.

内閣府（2014）「平成25年度版　子ども・若者白書」http://www8.cao.go.jp/youth/whitepaper/h25honpen/index.html（2014/12/14）

関口裕子、服部早苗他「家族と結婚の歴史」森話社、1998年。

白波佐和子「少子高齢社会の見えない格差」東京大学出版会、2005年。

R, Lee, A, Mason, Population Aging and the Generational Economy-

Global Perspective, Edward Elgar publishing, UK, 2011.
岡本裕子（編）(2010)『成人発達臨床心理学ハンドブック―個と関係性からライフサイクルを見る』ナカニシヤ出版。
厚生労働省（2015）「ひとり親家庭等の現状について」http://www.mhlw.go.jp/file/06-Seisakujouhou-11900000-Koyoukintoujidoukateikyoku/0000083324.pdf

第6章　幼児期の生活—保育と教育

> Key Words　幼保一元化　認定こども園　1.57ショック
> ドメスティックバイオレンス　エンゼルプラン
> 子ども・子育てビジョン

1　保育と教育の統合化の背景

　「幼保一元化」は、1960年代から議論されてきた保育の課題である。就学前の子どもに関する教育・保育のニーズが多様化し、小学校就学前の子どもの総合的な教育・保育の提供の必要性が指摘され始めた。

　1947（昭和22）年公布の「教育基本法」は、幼稚園を学校教育と1つとして位置付けた。同年、「児童福祉法」による児童福祉施設として位置づけされた保育所は、保護者が育児のできない（保育に欠ける）とき、保護者に代わり子どもを保育する施設として位置づけられ、現在に至っている。文部科学省に管轄され学校教育法によって規定される幼稚園と、厚生労働省に管轄され児童福祉法に規定される保育所の二元制度下での幼保一元化への取り組みは、制度的な制約があり、省庁間の垣根を超えねばならない事案である。

　近年は、少子高齢化、核家族や女性の就労の増加傾向などの子ども育成の環境が変化してきたために、利用の柔軟性と子どもの健全な育成のために、本来の目的を異にする幼稚園と保育所を一元化する政策が必要となってきた。それらの状況を鑑み、2005（平成17）年度政府は、幼稚園と保育所との制度に必要な整備を行うという見解を示した。それが、「認定こども園」である。2006（平成18）年「就学前の子どもに関する教育・保育等の総合的な提供

の推進に関する法律」が施行され、認定子ども園制度が創設された。

2　幼稚園、保育所、認定こども園の必要性

1）幼稚園と保育所から認定子ども園へ

　幼稚園は、学校教育法の第1条で学校とは、幼稚園、小学校、中学校、高等学校、中等教育学校、特別支援学校、大学及び高等専門学校と規定されている。

　幼稚園は、文部省が定める幼稚園の教育課程の基準により1956（昭和31）年から策定されている幼稚園教育要領により、幼児教育を行っている。一方、保育所保育指針は、児童福祉施設最低基準第35条規定により、1964（昭和39）年に保育所保育のガイドラインとして制定された。同指針は、厚生労働省が、告示する保育所における保育の内容に関する事項及び、これに関する運営に関する事項を定めたものである。

　2006年に改訂された教育基本法第11条は、「幼児期の教育は、生涯にわたる人格形成の基礎を培う重要なものであることにかんがみ、国及び地方公共団体は、幼児の健やかな成長に資する良好な環境の整備、その他、適当な方法によって、その振興に努めなければならない」とされ、幼児教育の重要性が示された。幼稚園・保育所などが、子どもを中心とした環境整備を迫られることになったのである。

2）多様な子育てと認定こども園

　少子化の衝撃となった1989（平成元）年"1.57ショック"以来、合計特殊出生率は低下し続けている。1997（平成9）年を境に、共働き世帯が専業主婦世帯を上回り、その後も共働き世帯の割合が年々増加している。認定こども園は、多様化する保護者や地域のニーズに応えるために、文部科学省と厚生労働省によって、2006年10月より開始された新しい制度である。

　認定こども園は、保育所及び幼稚園などにおける小学校就学前の子ども

に対する保育及び教育並びに保護者に対する子育て支援の総合的な提供を行う施設であり、都道府県知事が条例に基づき認定する、親の就労の如何にかかわらず利用できる施設である。

認定こども園を、文部科学省・厚生労働省幼保連携推進室は、①就学前の子どもに幼児教育・保育を提供する機能と子育て不安に対応した相談活動や、親子の集いの場の提供なども行う②地域における子育て支援を行う機能を併せもつとしている。

2006～2014年度までは同推進室が所管していたが、2015年度からは内閣府子ども・子育て本部となった。

保育所と幼稚園と認定こども園の違いは、以下のとおりである。

表1　保育所・幼稚園と認定こども園の比較

	保育所	幼稚園	認定こども園
根拠となる法令	児童福祉法に基づく児童福祉施設	学校教育法に基づく学校	就学前の子どもに関する教育、保育等の総合的な提供の推進に関する法律
所管	厚生労働省	文部科学省	厚生労働省・文部科学省（内閣府関与）
目的	日々保護者の委託を受けて保育に欠けるその乳児又は幼児を保育すること（児童福祉法第39条）。	幼児を保育し適当な環境を与えてその心身の発達を助長すること（学校教育法第22条）。	幼稚園及び保育所等における小学校就学前の子どもに対する教育及び保育並びに保護者に対する子育て支援を総合的に提供する。
設置者	地方公共団体、社会福祉法人等（児童福祉法第35条）。設置に当たっては知事の許可が必要（児童福祉法第35条）。社会福祉法人以外の企業、学校法人等が設置も認可。	国、地方公共団体、学校法人等（学校教育法第2条、附則第6条）。設置に当たっては、市町村立幼稚園の場合は都道府県教育委員会、私立幼稚園の場合は知事の許可が各々必要。102条（附則第6条）による例外規定により、個人立の認可。	1．幼保連携型（認可保育所と認可幼稚園が連携して運営） 2．幼稚園型（認可幼稚園が長時間保育・子育て支援等の保育園の機能も備える） 3．保育所型（認可保育所が保育に欠ける子ども以外の子どもも受け入れる） 4．地方裁量型（上記

設置者		学校法人以外の企業、社会福祉法人等が設置も認可。	以外）
対　象	保育に欠ける乳児・幼児・児童（児童には18歳未満まで含まれる）だが、一般的には０歳～５歳の乳児、幼児が対象。	満３歳から小学校就学の始期に達するまでの幼児（学校教育法第26条）。	保育に欠ける子も欠けない子も受け入れて、教育・保育を一体的に行う。すべての子育て家庭を対象に子育て不安に対応した相談等を提供する。
保育料	保護者の課税状況に応じて市町村長が決定。保育料は、市町村に納付。	設置者が決定。保育料は幼稚園に直接納付。	利用時間などを含め設置者が決定。
１日の教育・保育時間	原則として１日８時間（延長保育あり）夏休みなどの長期休業なし（児童福祉施設最低基準第34条）。	原則として１日４時間が標準。但し、預かり保育も可。毎学年の教育週数は39週以上で　夏休みなどの長期休業も可（幼稚園教育要領）。	４時間～11時間の利用時間に対応（幼保連携型認定こども園の設備及び施設に関する基準）。
教育・保育内容	幼稚園教育要領	保育所保育指針	幼保連携型認定こども園教育・保育要領
給　食	任　意	義　務	義　務
免許・資格	幼稚園教諭免許状（専修・１種・Ⅱ種）	保育士資格証明書	保育士資格証明書及び幼稚園教諭免許状（当面、どちらか一方で可能）
設置基準	幼稚園設置基準	児童福祉施設最低基準	幼保連携型認定こども園の設備及び施設に関する基準
職員配置人数	１学級35人以下に１人を原則	１～２歳児６人に１人　３歳児20人に１人　４～５歳児30人に１人	１～２歳児６人に１人　３歳児20人に１人　４～５歳児30人に１人

資料）www.city.kashihara.nara.jp/kyoiku/d_kyouiku/.../hikakuhyou9-03.pdf 2014.12.16引用、文部科学省・厚生労働省の幼稚園、保育所運営にかかる資料等抜粋。

3 家族関係と子育て自立支援

1）子どもを取り巻く深刻な問題

　21世紀の子どもの課題として、子どもの発達を阻害する児童虐待や夫婦間の暴力（ドメスティックバイオレンス：DV）など家族に対する暴力の防止がある。20世紀は「児童の世紀」として、児童の人権が課題であったが、21世紀はその更なる確保と質が問われる世紀でもある。子どもの身近なところで発生する深刻な問題として、厚労省は、児童虐待防止対策・DV防止対策・人身取引対策などに乗り出している。

　子どもが直面する問題の解決に向けて、2000（平成12）年、「児童虐待の防止等に関する法律第八十二号」が成立し、子どもの人権と健全な成長、人格形成を阻害するあらゆる虐待を防止するために整備された。また、夫婦間の暴力を防止するための「配偶者からの暴力の防止及び被害者の保護等に関する法律（DV防止法、2001年）」が制定された。この改正法（2010年）では、子どもに対する配慮も明示されている。

　子育てに対しては、1999（平成11）年の「エンゼルプラン」に始まり、2012（平成24）年、第4次エンゼルプランである「子ども・子育てビジョン」、同年に「子ども・若者ビジョン」も発表され、初めて子どもの育ちと子育ての両方に対する政策が開始されることになった。

　時代とともにひとり親世帯や再婚家庭（ステップファミリーの増加など）、外国人家族の増加など日本における家族形態も多様化してきた。

　政府は、「子どもを生み育てることに喜びを感じられる社会を目指して」、次代を担う子ども一人ひとりの育ちを社会全体で応援するため、子育てにかかる経済的負担の軽減や安心して子育てができる環境整備のための施策など、総合的な子ども・子育て支援を推進している。子ども・子育てに関する福祉サービスは、①次世代育成支援対策全般②子育て支援③保育関係④児童虐待防止対策⑤DV防止対策・人身取引対策等⑥子育て世帯臨時特例給付金⑦社会的養護⑧母子家庭等関係⑨母子保健及び子どもの慢性的な

疾病についての対策などあらゆる子ども子育て家族に対する支援策へと大きくシフトチェンジしてきた。

2）子ども・子育てビジョンと子ども子育て支援

また、2010（平成22）年の閣議決定による「子ども・子育てビジョン」の全体目標である子どもと子育てを応援する社会として①子どもが主人公（チルドレン・ファースト）、②「少子化対策」から「子ども・子育て支援」へ、③生活と仕事と子育ての調和の実現が、4つの柱と12の施策としてあげられている。

「妊娠、出産、子育ての希望が実現できる社会」の実現は重要であり、安心して妊娠・出産できるための支援として、早期の妊娠届出の勧奨、妊婦健診の公費負担、相談支援体制の整備、不妊治療に関する相談や経済的負担の軽減など、新たな命により家族を構成するため支援を設定している。そして、子どもの健全な育ちと子育てを支援する保育所待機児童の解消、新たな次世代育成支援のための包括的・一元的な制度の検討と幼児教育と保育の総合的な提供、放課後子どもプランの推進、放課後児童クラブの充実、そして、子どもの健康と安全を守るための小児医療の体制の確保があげられている。

更に多様な家族構成の家庭に対しての支援である児童扶養手当の父子家庭への支給、生活保護の母子加算、障害のある子どもへのライフステージに応じた一貫した支援の強化が盛り込まれている。すべての子どもの健やかな育ちを目的に子育て支援施策にも重点的な活動が求められる。

4　子どもと家族の力

家族は、構成員のライフステージに応じて、新たな誕生や死亡を含み絶えず新たな状況をたどり、その生成を繰り返す。

家族は、それぞれの一生を通して血縁と愛情によってつながれる。人は

この世に生を受け、親が初めて出会う人であり、その家族の一員となる。人と人との関係性ができるのも家族が最初であり、血縁を通して終生断つことのできない人間関係であるからこそその関係は大切であり、家族との生活を共有する場である家庭は、人間関係を学ぶ場所でもある。

　幼児期の頃は、親の全面的な庇護により養育されるが、同時に、愛着や基本的信頼感に支えられて、自我が形成されていき、心身の発達、社会的自我が発達していく。成長するにつれ、子ども自身自分の世界をもち始め、高校生の年代までの思春期ともなると第二次性徴など身体的変化が生じ、地域社会、学校友人などからの影響を受け、「自我同一性」を獲得し、自分を確立していく段階にさしかかる。この時期は、親からの自立の欲求が高まるときであり、一方では、親から離れる不安も持つという揺れ動く時期でもある。自立欲求と自立不安は、さまざまな人間関係の葛藤を起こしたり、不登校や反社会的行動を誘発させることにもなる。子どもにとっての家族の存在は、このような揺れ動く子ども（青少年）を全面的に受け止め、理解し、方向性を共に探る総合的な支援家族が必要である。家庭間の人間関係が良好・安定していないと、社会での人間関係は円滑に運ばず摩擦を起こしてしまうこともある。家族は、人間形成において「生きる力」を身につけさせる勇気と温かい心、愛情によりさまざまな困難から立ち直れる源泉でもある。

　人間は、幸福を追い求めている。丸山茂（2005）は、家族という私的集団と国、地方公共団体などの公的集団があり、社会という中間領域は、対立関係として、あるいは、これらの1つが決定的支配力をもつのではなく、相互に補完しあいながら、家族や個人への支援システムを構築し、新たな社会作りを模索していく必要性を述べている。

　望月嵩（1986）は、個人による福祉追求は、家族レベルに統合されて、家族全体が福祉追求の集団となると述べている。福祉の追求は、家族だけの機能でも、また家族だけで果たしうる機能でもない。小さくは家族を包む親族、稼動者が勤務する企業、さらに地域社会、大きくは全体社会もま

た、それぞれの福祉の追求を主要な機能としていると述べている。

　現代の家族は、子育て及び家庭支援というミクロな家族単位とマクロな社会単位での支援に支えられながら、独自の家族機能を発揮していくということができる。親が親として成長する過程とともに子どもが心身ともに健康で親も子も社会の成員となっていくことが期待される。

　現代社会では、家族の近隣や地域の連携の結束力が減退し、近隣や地域社会との距離が薄れてしまってきている部分もある。その状態を少しずつ省みながら、家族機能を再生し、社会資源を活用しながらいかに社会と関わりあっていくかを考えていかなければならない。将来を担う子ども達が住みやすい安全な社会づくりは、国を挙げて行う子どもを育成する親への自立支援である。

第 6 章　幼児期の生活—保育と教育

参考文献
近藤真理子「地域の子育て支援のニーズの変化と今後の課題」『和歌山大学教育学部教育実践総合センター紀要』No.22、157-166、2012年。
小谷敏編『子ども論を読む』世界思想社、2003年。
丸山茂『家族のメタファー　ジェンダー・少子化・社会』早稲田大学出版部、2005年。
宮本みち子・岩上真珠・山田昌弘『未婚化社会の親子関係　お金と愛情にみる家族のゆくえ』有斐閣選書、1997年。
望月嵩・本村汎『現代家族の福祉　家族問題への対応』培風館、1986年。
小川信夫『少子家族　子どもたちは今』玉川大学出版部、1995年。
塩見槇朗・長尾和英『愛の子育て』昭和堂、2005年。
荘厳舜哉『親と子の病理』ナカニシヤ出版、1986年。
橋本真紀・山縣文治編「よくわかる家庭支援論」ミネルヴァ書房、2011年。
J.ヘンドリック編著　石垣恵美子・玉置哲淳監訳『レッジョ・エミリア保育実践入門　保育者はいま、何を求められているか』北大路書房、2012年。
厚生労働省『平成23年（2011）人口動態統計（確定数）の概況』2011年。
松村和子他編『保育の場で出会う家族援助論　家族の発達に目を向けて』建帛社、2009年。
岡崎友典・林信二郎他編『乳幼児の保育と教育』　子どもの最善の利益を求めて、放送大学教育振興会、2011年。
落合恵美子『21世紀家族へ　家族の戦後体制の見かた・超えかた』有斐閣、2004年。
櫻井慶一『保育制度改革の諸問題　地方分権と保育園』新読書社、2006年。
袖井孝子他編『少子化社会の家族と福祉　女性と高齢者の視点から』ミネルヴァ書房、2004年。
山田昌弘『家族というリスク』勁草書房、2001年。

第7章　青年期の生活

| Key Words　　発達課題　完全失業率　モラトリアム　不適応　青年期危機　パラサイト・シングル　正義感 |

1　発達課題としての自立への時期

　青年期（adolescence）とは、児童（学童）期から成人期への移行段階に当たる時期である。この時期の生活上の特性を社会的な自立への過程のなかで多面的に捉え、青年期に特有の発達課題と家族をめぐって考えることが必要である。

1）青年期という時期

　青年期はいつ始まるのか。発達心理学の見地からは、中学生になる前後（11〜13歳頃）に児童期から思春期に移行すると捉えられている。この思春期は青年前期に相当し、多感な時期である。男子も女子も、平均的には小学校高学年頃から「第二次性徴」を迎え、生殖能力を含む身体運動機能が大きく変化・向上する。他方、情緒面や対人面はデリケートで、些細なことで親や教師に反発したり、同級生らとオーバーにふざけたり、時には自己コントロールができず逸脱した行為や反社会的行動を示す場合もある。多感であるが故に、最近ではメディアに現れる芸能界やスポーツ界での若年層の目覚ましい躍進に触発され、アイドル願望も多くもたれるようになった。

　このように、思春期に始まる青年期は、子ども（児童）から大人（成人）になるまでの過渡期であり、以下に述べる通り、ライフサイクルにおいて

表1　エリクソンの「心理社会的発達論」
各段階は新しい社会的な視点と新しい危機をもたらす。危機の克服に成功すれば、人間としてさらに成長する。一方の力が過度に他方を制すると、精神発達に障害がもちこまれる。

段　階	心理社会的危機	好ましい結果	好ましくない結果
0歳	信頼対不信	環境および将来の出来ごとに対する信頼	将来の出来ごとに対する疑惑と不安
1歳	自律対疑惑	事故統制感と満足感	恥と自己嫌疑の感情
2〜4歳	自主性対罪悪感	自発的に行為する能力	罪悪感と自己に対する不満感
5歳から思春期へ	勤勉性対劣等感	どのように事が運ぶか、どのように理解するか、どのように組織化するかを学習する能力	理解と組織化のさいに生じる劣等感
青年期	自己同一性対同一性拡散	自己をユニークな、統合された人間とみる	自分が実際だれなのか、どんな人間か、ということについて混乱が生じる
成人初期	親密対孤立	他者とのかかわりあい、他者を愛する能力	愛情関係を形成することの不能
成人中期	生産性対自己陶酔	家族および社会一般に関心をもつ	自分のこと—自分の幸福と繁栄—だけに関心をもつ
老年期	統合性対絶望	完成感と満足感。進んで死に直面する	生活への不満感。死を予想することによる絶望

資料）村田孝次著『児童心理学入門　三訂版』培風館、1990年。

最も動揺の激しい怒濤の時期である。

　アメリカの発達心理学者であるエリクソン（Erikson, E.H.）は、「心理社会的発達論」のなかで、青年期における主要な発達課題として「勤勉性の獲得」から「自己アイデンティティ（self-identity）の獲得」が問われるものとしている。家庭における養育や学校教育に陶冶されつつ、「他ならない自分」としての自己形成を達成していくのである。なお、エリクソンの発達論の概要は表1の通りである。

2）青年と家庭・学校

　青年はどのような家庭生活を送っているのだろうか。児童期に引き続き、小学校から中学校への進学に伴い、ほとんどの者は自宅と学校との往復に毎日を費やし、それぞれの場での生活を繰り返している。そして、衣食住など基本的生活の大部分を親や家族に依存しながらも、自我の発達とともに、青年期特有の心理的特徴として、親に対する嫌悪や反抗、回避などを激しく示すようになる。子どもの成長過程である親子間の葛藤関係も経験しながら、青年は「親離れ」という親からの心理的な自立を模索し始める段階へと移行し、親にとっても「子離れ」が必要となる課題が正面から突きつけられる。子どもにとっても、親にとっても、越えなければならない「子どもの自立」というハードルがあるのがこの時期である。

　文部科学省が公表した資料「高等学校教育の現状」によると、(http://www.mext.go.jp/component/a_menu/education/detail/__icsFiles/afieldfile/2011/09/27/1299178_01.pdf) わが国の高等学校への進学率はほぼ97％である。さらに、就学人口と大学入学定員数からみて大学全入時代といわれるようになった今、四年制大学や短大、専門学校への進学率も年々高くなってきている。一方では、小・中学生のいじめや不登校をはじめ、高校進学をしない子どもや高校中退、大学に入学したものの将来の方向性が定まらず無気力による長期欠席や退学など、学校不適応問題がクローズアップされている。このように、進学率が高い一方で、進学や就学継続に関するさまざまな課題があるということも理解しておかなければならない。

　表2は、スイスの認知心理学者であるピアジェ（Piaget, J.）が青年期を「形式的操作（formal operation）」の発達レベルにあるとした図である。中学・高校までは系統的な教科学習をメインとしながらも、論理や価値・倫理に対する思考を示すようになる。また、「自分とは何か」といった自問自答が繰り返されることがあったり、物事をあまり深く考えず短絡的行動に走ってしまうこともある。青年の思考特性として、内省優位的なタイプや行動優位的なタイプに分化していくのもこの時期特有の傾向であると

表2　ピアジェの認知発達段階

感覚・運動期 （0〜2歳）	感覚と運動とのあいだの関係の発見に忙殺される。物を把握するために自分の手はどのように働くか、テーブルの端にある皿を押すとどんなことが起こるか、などについて知るようになる。 この期はつぎの6つの下位段階に区分されている： 　段階1〈反射の行使〉　　　　段階2〈一次循環図式の形成〉 　段階3〈二次循環図式の形成〉段階4〈二次循環図式の供応〉 　段階5〈三次循環図式の形成〉段階6〈図式の内面化〉
前操作期 （2〜6歳）	表象が発生し、象徴的な行動が発達してくる。〈意味するもの〉と〈意味されるもの〉の関係が生まれ、言語が思考に介入し始める。概念化が進み、推理も生じるが、なお知覚に支配されていて直観的である。
具体的操作期 （6〜11歳）	具体的に理解できるものは、論理的操作を使って思考する。たとえば、高さや重さで物を系列化することはできる。また、以前のように知覚に惑わされることも少なくなる。しかし具体的な対象を離れると論理的に思考することができない。
形式的操作期 （11歳〜成人）	命題に対して論理的操作を加える。結果が現実と矛盾してもかまわない。典型的なものとしては、科学における仮説検証のための演繹的手続きがある。

資料）村田孝次著『児童心理学入門　三訂版』培風館、1990年。

いえよう。加えて、最近では、インターネット技術などの飛躍的発展を背景に、パソコンや携帯電話からスマートフォンへと、誰もがモバイル端末（メディア）の所有者となった。若者の間でも、視覚・バーチャル型思考やチャット式コミュニケーションといった新たな思考・コミュニケーション様式が特徴的になってきた。

　さらに、青年期の対人関係も特徴的である。クラブ活動や校外行動などを通し、同級生や上・下級生、あるいは、学外者とのかかわりが広がり深まっていくが、場合によっては主従的な力関係となることもある。異性との交際や性行為を経験するケースも見受けられる。特に、家族の庇護のもとにあることは依然として変わらないものの、社会的な行動の拡大化と友

人など個人的な人間関係に力点が移行し自立を模索する時期となるため、時として親の干渉を疎ましく思ってしまうこともあり、人間関係が大きく変化していく時期でもある。また、前述したスマートフォンなどのメディア普及により、電子メールを頻繁にやり取りするメル友や特定または不特定のチャット仲間など、直接の出会いや関わりを伴わない人間関係も簡単に形成されるようになった。その反面、家族や友人といった生身の人間関係が希薄になるなど、青年期の対人性はよりいっそう複雑な様相を表すといった実情もみられる。

3）青年期の正義感

人にとっての正義感（a sense of justice）は、いつ芽生え、どのように育ち・醸成され、人の人生を左右するものであろうか。少しづつ、主体的な判断と行動によって自己概念を発達させていく過程にあるのが青年期である。この時期の最大の課題は、アイデンティティの基盤を形成し、価値判断として自他に問われるのが正義感である。特に、「自己の利」に照らして、「人の幸福」に対する社会的判断を迫られる場合は帰路に立たされる。企業や個人の反倫理的行為は、内発的な自分の正義感とにギャップが増えてくるのもこの時期である。

身体能力、知力、容姿などが親から子へと遺伝することが知られているが、正義感もまた遺伝するという可能性があるということを、カウエルとデサティ（J. M. Cowell, J. Decety）は、社会神経科学の視点から指摘している。幼少期から、社会的・反社会的な行動を見聞きすることによって、それが誘発脳波の相違を現出させ、親が示す「正義と公正」が、子どものそれに関連しているというのである。

幼児期から正義感の現われとも言える道徳的感性は、家庭によって育まれ、一生の道徳観、正義感を支配するということを実験により明らかにしてきている。正義感や道徳心は、後天的に親の教えや育つ環境に影響されて獲得すると考えられてきたが、現在では、両親から遺伝的に受け継がれ

るものであるという可能性も否定できないとする考え方が認知されてきている。

　育つ環境の中で獲得していく正義は、青年期においては、自由な社会の中での利害の対立が生じるが、しかし負担と利益の適切な配分がなされる一定の社会制度となっていれば、社会を容認でき、正義感を充足させるという正義感の基礎となる。自由で自律的な行動ができる社会こそが正義に満ちた社会であり、平等な社会であると思えるものである。人間が守るべきは「正義」であり、その根拠を模索し、行動の正当性を確信しようとする時期は青年期の特徴である。

　自由優先の原理と機会均等の原理を説いたロールズ, J（Rawls, John Bordley）は、社会を規定するのが正義であるとし、実行可能な正義とは、自己の利益を求める構成員相互の合意によってもたらされるものであり、民主主義を支える倫理的価値判断は正義を基底とするとしている。社会における正義とは、人は基本的自由・平等の権利を有するものであり、最も不遇な人々の利益を最大化し、不平等を克服しようとする考え方であり、その考え方による価値判断をしようとする青年期の正義にとっては、社会は人権を最重要視し、それを立法や制度のなかに準備されるべきであるとなる。2016年からは、日本は、選挙制度の改正により18歳以上に選挙権が付与される。どのように青年の正義感が選挙に反映されていくかは、これからの日本社会のあり方にも少なからず影響を与えていくであろう。

4）青年の就職事情

　高等学校卒業までの時期は、子ども家庭福祉の対象である「児童」（児童福祉法定義では18歳未満）の範疇にありながら、心理社会的発達の段階としては児童期から青年期への移行の時期でもある。そして、その移行を特徴づける一要因は就業であるといえよう。高校卒業であれ、大学卒業であれ、就業の機会と場を獲得し社会活動ができるようになると、社会的にも青年期としての「正」の評価の対象となる。就職することは社会人たる第

一歩を踏み出すことを意味し、自立することを意味する。高校時代から、あるいは、大学在学中にアルバイト経験をもつ者も少なくないが、就職は全く次元の異なるものである。すなわち、青年期では、親の庇護から脱皮し、就労青年として次のライフステップである社会・経済的自立に向かっていくのである。

　ここで、最近の就職事情をみると、必ずしも、誰もが容易に就業できるわけではないことが理解できる。わが国は正規採用が厳しかった状況が長く続き、内定取り消しの問題も生じた。他方、厚生労働省の公表した資料「労働経済の推移と特徴」(http://www.mhlw.go.jp/wp/hakusyo/roudou/14/dl/14-1-1_01.pdf) をみると、2012（平成24）年に4.3％であった完全失業率が2014（平成26）年では3.6％となっており、就職状況は年々好転し、就業環境も改善されてきたことが分かる。しかし、たとえば、入社後の燃え尽き問題やハラスメント問題などは依然看過できない状況にある。前述のような芸能・スポーツ界での若手進出は極めて特殊状況なのであって、就職できるのはごく一部の早期実現（完了）的なケースである。一般的には、求職者にとって就活を重ねても第一志望の就職がなかなか実現しないのが現状である。また、雇用者サイドでも、ベテラン社員を多く抱えるより若手社員との入れ替えを促進するほうが経費圧縮につながることから若手新卒者を大量雇用する大企業もみられる一方で、若年人口減少の影響もあり、中小企業では新卒者を雇用できないという実情もある。かつてのような終身型雇用ではなくなり、今や、就労青年にとっては転職を通してキャリアアップを図る時代であるともいわれるようになってきた

　少子化などを背景に、家庭において「個」を大切にする育児が行われ、社会が生涯にわたり「個」の多様な生き方を認めるようになったことなどにより、青年個人のニーズと企業の雇用ニーズとのミスマッチが顕在化することも多くなってきている。このような就職事情のもと、自由であることを確保しようとして定職につかずアルバイトで生計を立てようとするフリーター、学生でもなく働いてもおらず、働くための職業訓練もしていな

いニートなど、モラトリアム（moratorium）的な青年も多くなってきた。彼らは社会人となる自信もなく定職を強いて求めたがらず延期している状態にある。また、仮に就職しても、働く心構えが未熟であったり、職場の人間関係にたやすく傷ついてしまったりして、すぐに離職してしまうといった問題もある。この点に関しては、特に国の展開する子育て支援政策でも重点課題として取り上げられてきた。たとえば、厚生労働省が2010年に策定した「子ども・子育てビジョン」(http://www.mhlw.go.jp/bunya/kodomo/pdf/vision-gaiyou.pdf) には、「意欲を持って就業と自立に向かえるように」の一環として、若者に対する就労支援であるキャリア教育、ジョブ・カードなどが実施されることとなった。

5）恋愛から結婚へ

　青年期では、異性関係において、しばしば、恋愛や失恋が経験されるようになる。やがて、当人同士が結婚を決める時には、お互いに向き合う恋愛関係から共同生活をし、同じ「この先（将来）」を見つめ合うような親密関係に転じていくことになる。多くの場合、結婚により、ふたりは新たな家庭生活に入っていくとともに、いよいよ、青年期から成人期への移行を遂げていく。前述したエリクソンの発達論では、「親密・生産性の獲得」が成人期の主要課題とされるところである。

　ただし、お互いの理解や関係が深まらなければ、時として別居や離婚に至ることもある。また、最近、恋愛を欲しない青年も多く見受けられるという。パラサイトシングル（parasite single）とも称され、彼らに共通してみられる心理的背景としては、いつまでも親・家族との相互依存的な関係を維持し続けることを望むといった特性である。また、異性との新たな親密関係づくりを億劫がる傾向も伺える。これらの社会事象がみられるのは、概して、少子化の進行とともに、親子がお互いに「親離れ・子離れ」を迎え入れようとしないなど、心理社会的自立上の困難ケースであることが多い。

1970年代以降社会的に認められるようになってきたLGBTと総称される性的少数者として、青年のなかには同性間の恋愛やバイセクシャルな恋愛を求めるものもいる。国外において同性婚を認めた国は20ヵ国ある。わが国の現状では、LGBTの人々にとって結婚はまだまだ大きなハードルを抱えており、今後、法的取り扱いの整備も含めて取り組まれるべき問題であるといえよう。

2　不適応・逸脱とその援助

　思春期に始まる青年期は、修学や就職、恋愛・結婚といった人生のさまざまな分岐点が重層的に現れてくるため、その生活特性を多面的に捉えなければならない。すなわち、「心理社会的自立の達成」が主要な発達課題なのである。

　他方、青年期は多感・怒濤の時期であるが故に、適応に難のある、あるいは、逸脱してしまう青年も多くみられることは事実である。青年の示す不適応・逸脱の実情を本人や家族、社会は正面から受け止めなければならず、そのケアのあり方などを模索する必要がある。まずは、図1に、子どもの心の健康問題とその背景について示す。

1）思春期の不適応

　多感な思春期では、前述の通り、身体上の大きな変化や情緒・対人面の過敏さなどともつながり、家庭生活や学校生活に対する不適応が生じやすい。特に、この時期に特徴的な不適応の現れとして、たとえば、ストレスのより強い生活状況におかれた場合にみられやすい不安症状やパニック症状、抑うつなどの神経症状が挙げられる。また、不適応の行動化として、家庭内暴力や家出、非行に走ることもある。

　学校不適応の具体例として、文部科学省から公表された資料「平成25年度『児童生徒の問題行動等生徒指導上の諸問題に関する調査』について

図1　心の健康問題とその背景

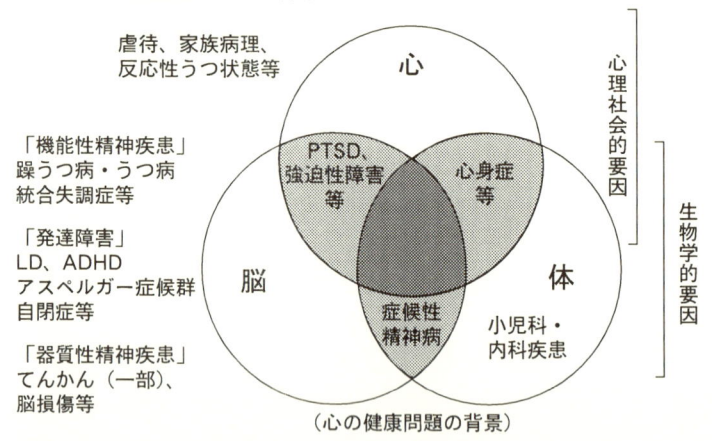

虐待、家族病理、反応性うつ状態等

「機能性精神疾患」
躁うつ病・うつ病
統合失調症等

「発達障害」
LD、ADHD
アスペルガー症候群
自閉症等

「器質性精神疾患」
てんかん（一部）、
脳損傷等

心

PTSD、強迫性障害等

心身症等

脳

症候性精神病

体

小児科・内科疾患

心理社会的要因

生物学的要因

（心の健康問題の背景）

資料）文部科学省「教職員のための子どもの健康観察の方法と問題への対応」
（http://www.mext.go.jp/a_menu/kenko/hoken/__icsFiles/afieldfile/2009/04/27/1260335_3.pdf）、2009年）

（訂正値反映）」（http://www.mext.go.jp/b_menu/houdou/26/12/__icsFiles/afieldfile/2014/12/19/1354076_01_2.pdf）に基づき、いじめと不登校の実態について概観する。

　いじめとは、文部科学省の定義によると、「一定の人間関係のあるものから心理的、物理的な攻撃を受けたことにより、精神的な苦痛を感じること」とされている。いじめの実態について、上記の資料から概観する。2013年度において、小・中・高・特別支援学校でのいじめの認知件数は185,803件、児童生徒1,000人当たり13.4件であった。また、同じ公表資料によると、いじめの態様について、「冷やかし、からかいなど」が119,741件と最も多く、「叩く、蹴るなど」は軽度・重度を合わせて58,071件、「仲間はずれ、集団無視など」も37,500件に及ぶとされている。

　次に、不登校とは、「何らかの心理的、情緒的、身体的、社会的な要因により年間30日以上の長期にわたり、学校に登校していない状態」を指すものである。その実態について同じ資料から概観してみると、同年度の小・中学校における不登校児童生徒数は119,617人、その割合は1.17%であり、

高等学校の不登校生徒数は55,655人、その割合は1.67%であった。また、不登校になったきっかけと考えられる状況として、小・中学校では、「不安などの情緒的混乱」(28.1%)、「無気力」(25.6%)、「いじめを除く友人関係をめぐる問題」(15.0%) が上位を占めており、高校では、「無気力」(30.3%)、「不安などの情緒的混乱」(16.5%)、「遊び・非行」(12.3%) となっている。

さらに、同資料から、高校中退の実態について概観すると、2013年度の中途退学者数は59,923人、割合は1.7%であった。また、その理由として、「学校生活・学業不適応」(36.3%) と「進路変更」(32.9%) が多く、「経済的理由」は2.2%に止まっていた。さらに、学習障害（LD）や注意欠陥・多動性障害（ADHD）を要因とすることも注目されている。

以上より、学校生活に対するさまざまな形や理由の不適応に悩む青年は少なからずいるということが実感されよう。たとえば、不登校は、本人の心理的な問題だけでなく、生活保護を受ける家庭など「家庭の貧困」が長期欠席の理由になっているということも近年多く認められるところである。

彼らにとって、教育上の指導・対応が必要であることはいうまでもなく、福祉的な配慮や支援も求められるところである。また、本人の将来の社会的自立に向けて、親の果たす支援役割や家庭環境の改善なども重視されなければならないことはいうまでもない。

2）自尊感情と逸脱する青年

思春期以降における修学や就職、恋愛・結婚をめぐる不適応の現れに加えて、心理・社会的な逸脱行動を繰り返すといった問題の深刻性をもつのもまた青年期であるということを忘れてはならない。彼らの示す逸脱行動には成人並みのバリエーションが認められるところであり、恐喝や暴行、ストーカーなどの加害行動のほか、援助交際や児童買春などの性的逸脱、リストカットなどの自傷行為も該当する。最近では、特に、危険ドラッグなどの薬物乱用の問題がクローズアップされてきている。

一例として、警察庁の公表した資料「平成26年中における少年の補導及び保護の概況」(http://www.npa.go.jp/safetylife/syonen/hodouhogo_gaikyou/H26.pdf)から、少年犯罪の推移について概観する。特に、刑法犯少年に絞って概観しておくと、2014年中の検挙人員は48,361人であり、134,847人であった2004年以降減少し続けている。同資料によると、年齢構成については、15歳が10,991人（22.7％）と最も多く、年少少年（14、15歳）、中間少年（16、17歳）、年長少年（18、19歳）と区分した場合、総数の4割以上を年少少年が占めていることが分かる。また、包括罪種別について、刑法犯少年、刑法犯成人とも、窃盗犯が総数の半数以上を占めていた。犯行の原因・動機をみると、「利欲」が77.3％と圧倒的に多く、わずかではあるが、「遊び・好奇心・スリル」（6.9％）もみられる。

　また、同資料から、福祉犯罪（少年に対し「わいせつな行為をする」「売春を強要する」「シンナーや覚せい剤を密売する」など少年の心身に有害な影響を与え、健全な育成を阻害する悪質な犯罪を指す）である児童買春・ポルノ禁止法違反の事案としては、送致件数が2,489件、送致人員が1,967人であり、近年増加傾向にある。その被害少年数は1,212人で、そのうち、女子が1,130人（中学生441人、高校生474人、他215人）に及んでいることが分かる。

　さらに、薬物事犯として、同資料から比較的総数の多い覚醒剤乱用と大麻乱用をみると、その合計の172人のうち、有職少年68人、無職少年61人についで、高校生が29人となっている。

　このような事態・状況には、本人自身の生来的な性格傾向や行動特性、あるいは、何らかの精神疾患を抱えていることに起因するケースがある一方で、背景に潜んでいる家庭事情などに起因するケースも少なくない。そのなかで、逸脱行動に及ぶ当事者は、しばしば、自分を一貫性のある安定した存在として肯定的に捉え維持するための原動力となる自尊感情（self-esteem）を下げてしまっている（失っている）とよく問題視されるところである。

　自己イメージを肯定的に捉え、有用感や自信・積極性、信頼感、幸福感

などをもち自分を大切に思うことができればよいが、その正反対の無能（劣等）感や消極性、無力感、不平・不満などで自分を過小評価するとなれば、場合によっては本人が自殺（自死）に追い込まれることもある。これは、全く取り返しのつかない事態・状況なのである。

　なお、青年期の自殺の傾向について、上記にある文部科学省の公表資料から概観しておくと、2013年度、小・中・高校から報告のあった自殺した児童生徒数は240人（小学生4人、中学生63人、高校生173人）であった。本人のおかれていた状況として、「不明」（51.3％）を除くと、「家庭不和」が11.9％と最も多く、「厭世」（9.6％）、「精神障害」（8.8％）と続いている。なお、「いじめの問題」は3.8％とされている。

3）青年期危機への援助

　以上の内容を概括すると、これらの不適応・逸脱の背景には、発達障がいや精神疾患、生育歴などといった本人自身の個体要因、児童虐待やいじめ、不良交友などの家庭や学校・地域における不適切な環境要因が絡んでいることが多いように思われる。最近では、家庭貧困のもたらす影響も見逃せない。

　また、これらの問題は、家庭のみならず、学校や職場を含む地域にまたがった広範で錯綜した不利益や権利侵害を孕むものであり、コミュニティベースの専門的対応が不可欠である。たとえば、少年犯罪については、その原因や背景は複雑であることが多く、加害少年自身の更生はもとより、被害者や遺族の救済・支援も問われるところである。また、いじめ事件や関係者の自殺が発生し、校区に学校不信や住民不安が広がった場合など、危機介入的な地域ケアも必要となる。すなわち、青年期危機に対し、教育福祉はもとより、医療・保健、司法などの専門職能に基づく援助は不可欠であるといえよう。

　つまるところ、青年期発達の危機とは、「アイデンティティの拡散」という形で現れるとされている（エリクソン）。これまで述べてきたように、

青年の果たすべきは、身体的成熟の受容や親・家族からの精神的独立、同性・異性との親密関係、社会的役割・責任の遂行、経済的キャリアの開始、価値・倫理的な態度形成などに裏付けられた心理社会的自立である。その達成によって、ライフサイクルにおける青年期のウェルビーイング（well-being）が実現するのである。

参考文献

流石智子監修／浦田雅夫編著『知識を生かし実力をつける子ども家庭福祉』保育出版社、2013年。

Jason M. Cowell and Jean Decety, Precursors to morality in development as a complex interplay between neural, socioenvironmental, and behavioral facets, PNAS, Proceedings of the National Academy of Sciences of the USA vol.112,no.41, 12657-12662, 2015.11.

小坂勝昭著『福祉社会の正義論的基礎』SUCRA機関リポジトリ、67-78、2011年。

佐藤仁美・西村喜文編著『改訂版 思春期・青年期の心理臨床』放送大学教育振興会、2013年。

白井利明編著『やわらかアカデミズム・〈わかる〉シリーズ よくわかる青年心理学』ミネルヴァ書房、2006年。

野口康彦・櫻井しのぶ共著『子どもの心と臨床発達 現代を生きる子どもの理解と支援のために』学陽書房、2011年。

村田孝次著『児童心理学入門 三訂版』培風館、1990年。

第8章　成人期の生活

```
Key Words    ワーク・ライフ・バランス　非正規雇用
             多様な働き方　育児休業　過労死
```

1　ワーク・ライフ・バランス

　内閣府は、2007（平成19）年12月に関係閣僚、経済界・労働界・地方公共団体の代表などからなる「ワーク・ライフ・バランス推進官民トップ会議」において、「仕事と生活の調和（ワーク・ライフ・バランス）憲章」・「仕事と生活の調和推進のための行動指針」を策定した。

　「企業と働く者」、「国民」、「国」、「地方公共団体」のそれぞれの役割が明示された。

仕事と生活の調和（ワーク・ライフ・バランス）憲章

　我が国の社会は、人々の働き方に関する意識や環境が社会経済構造の変化に必ずしも適応しきれず、仕事と生活が両立しにくい現実に直面している。

　誰もがやりがいや充実感を感じながら働き、仕事上の責任を果たす一方で、子育て・介護の時間や、家庭、地域、自己啓発等にかかる個人の時間を持てる健康で豊かな生活ができるよう、今こそ、社会全体で仕事と生活の双方の調和の実現を希求していかなければならない。

　仕事と生活の調和と経済成長は車の両輪であり、若者が経済的に自立し、性や年齢などに関わらず誰もが意欲と能力を発揮して労働市場に参加することは、我が国の活力と成長力を高め、ひいては、少子化の流れを変え、持続可能な社会の実現にも資することとなる。

　そのような社会の実現に向けて、国民一人ひとりが積極的に取り組めるよう、ここに、仕事と生活の調和の必要性、目指すべき社会の姿を示し、新たな決意の下、官民一体となって取り組んでいくため、政労使の合意により本憲章を策定する。

資料）内閣府ホームページhttp://wwwa.cao.go.jp/wlb/government/20barrier_html/20html/charter.html

2 ワーク・ライフ・バランス策定に至る背景

　企業間の競争の激化、経済低迷、産業構造の変化により、派遣社員などの正社員以外の労働者が大幅に増加し、正社員の労働時間も高どまりとなり、働き方の二極化が進んでいる。

　現在では、女性の社会参加などにより、勤労者世帯の半数が共働き世帯となっているが、働き方や子育て支援などの社会的な基盤の整備が現状に追いついていない。また、かつては夫が働き、妻が専業主婦として家事や子育て、地域の役割などを一手に引き受けていた。このような男女の固定的な役割分担の意識が残存していることも否めない。女性が産休について会社に相談した際に、マタニティーハラスメントを受ける事態も起こっている。

　正社員以外のパート、アルバイトなどの働き方を選択する人々は経済的に自立ができず、長時間労働により心身の疲労、家族との団らんが持てず、働き方の選択肢が少ないことによって仕事と子育ての両立の難しさがあり、問題を抱えている人の増加がある。

　経済的に自立できないことは、結婚や子育てに関することへの希望を実現しにくくし、急速な少子化の要因の1つとなっている。働き方の選択が少ないことで、女性や高齢者などの多様な人材を活用されていない。少子化対策や労働力の確保が社会全体の課題となっている。

　これらのことから、個人の生き方や人生の段階に応じて多様な働き方の選択を可能にし、それを見直すことが生産性の向上や競争力の強化に繋がるという「明日への投資」に取り組むことが必要不可欠となった。ワーク・ライフ・バランス実現に、社会全体、個々の企業・組織が積極的に取り組まなければならない。

3　ワーク・ライフ・バランスの必要性

1）個人

　個人においては、仕事と家庭の両立と自己啓発や地域活動への参加が困難な状況であり、長時間労働が心身の健康に悪影響を及ぼしている。ライフスタイルや意識の変化、家庭と仕事の両立希望に反して仕事中心になる男性、家庭責任が重く希望する形で働くのが難しい女性などの状況を踏まえ、希望するバランスの実現のために、個人のワーク・ライフ・バランスは必要である。

2）社会全体

　地方公共団体の役割として、「仕事と生活の調和の現状や必要性は地域によって異なることから、その推進に際しては、地方公共団体が自らの創意工夫のもとに、地域の実情に応じた展開を図る」ことである。また「仕事と生活の調和推進のための行動指針」では、具体的な地方公共団体の取組みとして、地方の実情に即した住民の理解や合意形成の促進、育児・介護などを行う家族を支える社会的基盤の形成や仕事と生活の調和を実現している企業を社会的に評価することなどが挙げられている。仕事と生活の調和推進及び男女共同参画社会の実現のためには、住民に身近な地方公共団体の積極的な取組みが極めて重要となる。

3）個々の企業・組織

　企業間の人材獲得競争の激化の状況のもと、従業員の人生の段階に応じたニーズへの対応（若年層、子育て層、介護層、高齢層）、意欲や満足度の向上、心身の健康の維持、女性の活用が求められている。そのため、多様な人材を生かし競争力を強化するために、ワーク・ライフ・バランスは必要である。

図1 雇用形態別役員を除く雇用者の推移

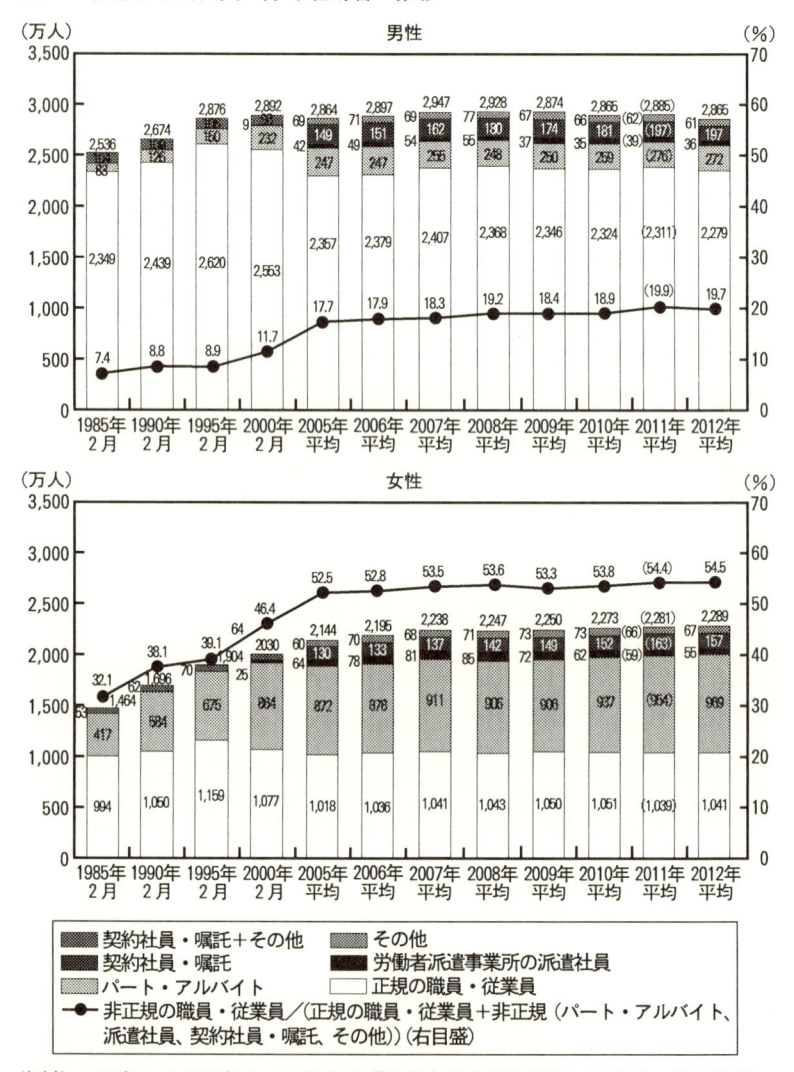

資料）1985年から2000年までは総務省「労働力調査特別集計」（2月分の単月調査）、2005年以降は総務省「労働力調査（詳細集計）」（年平均）による。

第8章　成人期の生活

図2　フリーターの数の推移

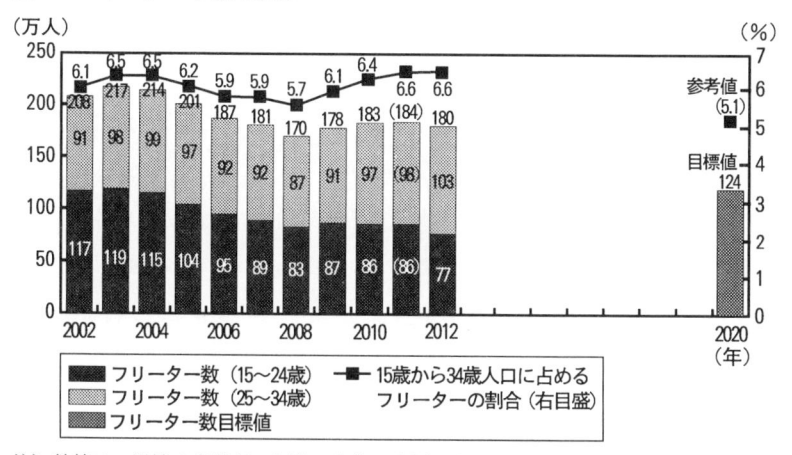

（万人）　　　　　　　　　　　　　　　　　　　　　　　　　　　　　　（％）

年	15〜24歳	25〜34歳	合計	割合
2002	117	91	208	6.1
2003	119	98	217	6.5
2004	115	99	214	6.5
2005	104	97	201	6.2
2006	95	92	187	5.9
2007	89	92	181	5.9
2008	83	87	170	5.7
2009	87	91	178	6.1
2010	86	97	183	6.4
2011	(86)	(98)	(184)	6.6
2012	77	103	180	6.6
2020			124（目標値）	(5.1)参考値

■ フリーター数（15〜24歳）
▨ フリーター数（25〜34歳）
▨ フリーター数目標値
━■━ 15歳から34歳人口に占めるフリーターの割合（右目盛）

注）数値は、男性は卒業者、女性は卒業で未婚の者のうち、①雇用者のうち「パート・アルバイト」の者、②完全失業者のうち探している仕事の形態が「パート・アルバイト」の者、③非労働力人口のうち希望する仕事の形態が「パート・アルバイト」で家事も通学も就業内定もしていない「その他」の者の合計。
資料）総務省「労働力調査」より作成。

図3　フリーター期間別の正社員比率
　　　（フリーター経験者のうち現在、正社員であるもののフリーター期間別比率）

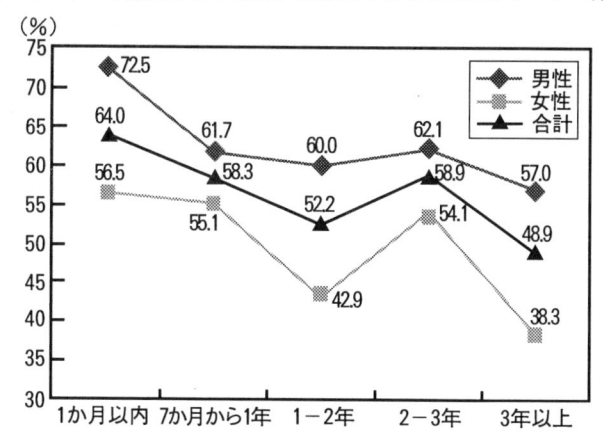

（％）

期間	男性	女性	合計
1か月以内	72.5	56.5	64.0
7か月から1年	61.7	55.1	58.3
1−2年	60.0	42.9	52.2
2−3年	62.1	54.1	58.9
3年以上	57.0	38.3	48.9

資料）独立行政法人労働政策研究・研修機構「大都市の若者の就業行動と意識の展開」―「第3回若者のワークスタイル調査」（2011年実施）より。

4　ワーク・ライフ・バランスの途中経過

1）就労による経済的自立

非正規雇用者の雇用者全体に対する割合は、男女共に長期的に高まり、女性については50％を超えて推移（図1）。

フリーター（15～34歳のパート・アルバイト及びその希望者）の数は、2010（平成22）年以降3年連続でおおむね横ばい、25～34歳の年齢層で増加（図2）。フリーター期間が長くなるほど正社員への転換が難しくなる傾向（図3）。

2）多様な働き方・生き方が選択できる社会

多様な生き方は、自己の生活と子育てや介護などそして働き方が自分と家族を犠牲にせず、バランスが取れた状態という。女性は、第1子出産前後の女性の継続就業率は4割弱で推移、長期的にあまり変化は見られない（図4）。職員とパート・派遣などに分けて見ると、正規の職員は就業を継続している者の割合が5割を超え、パート・派遣は就業を継続する者の割合が2割に達している（図5）という状況下にある。男性の育児休業取得率については、1.89％（2012年度）非常に低い水準で推移しており、男女共にワーク・ライフ・バランスという生活の調和が取れているとは言いがたい。そして、依然として、6歳未満の子供を持つ夫の育児・家事関連時間は、67分（2011年）と数値目標に対し低水準で推移している（図7）。6歳未満の子どもをもつ夫の「家事」及び「育児」の行動者率（社会生活基本調査において調査期間中に該当する種類の行動をした人の割合）は、共働き世帯でも、約8割の男性が全く「家事」を行わず、約7割の男性が全く「育児」を行っていないというのが現状である。

第 8 章　成人期の生活

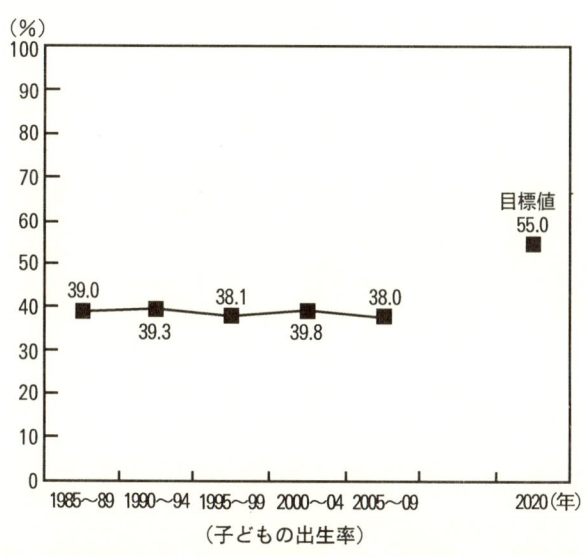

図 4　第 1 子出産前後の女性の継続就業率

(%)
1985〜89: 39.0
1990〜94: 39.3
1995〜99: 38.1
2000〜04: 39.8
2005〜09: 38.0
2020(年) 目標値 55.0
(子どもの出生率)

注）数値は、当該年間に第 1 子を出産した女性について、第 1 子妊娠判明時に就業していた者に占める第 1 子 1 歳時にも就業していた者の割合。
資料）国立社会保障・人口問題研究所「第14回出生動向基本調査（夫婦調査）」より作成。

　育児についていえば、男女共に働く場合は保育所保育の利用が欠かせない。しかし、2011（平成23）年「仕事と生活の調和レポート2011」から見ると、待機児童の数は2003（平成15）年より 5 年間減少、保育所の定員増にもかかわらず、2008（平成20）年より 3 年連続で増加、2011（平成23）年は 4 年ぶりに減少したものの 2 万5,556人。女性の就業意欲の長期的な高まりに加え、家計のために仕事に出たいという人が増えている状況において、特に都市部における保育所をめぐる状況は深刻である（図 8 ）。家族の介護や看護を理由とした離職・転職者数は男女とも年々増加傾向にあり、女性が活躍できる環境整備をしようという機運が高まり、政府の積極策も提示されているが、まだ道のりは遠い。一方で、子育てに関わりたいという男性の希望も低率ながら増えてきているがそれを実現させるために

図5 出産前有職者の就業継続率(就業形態別)

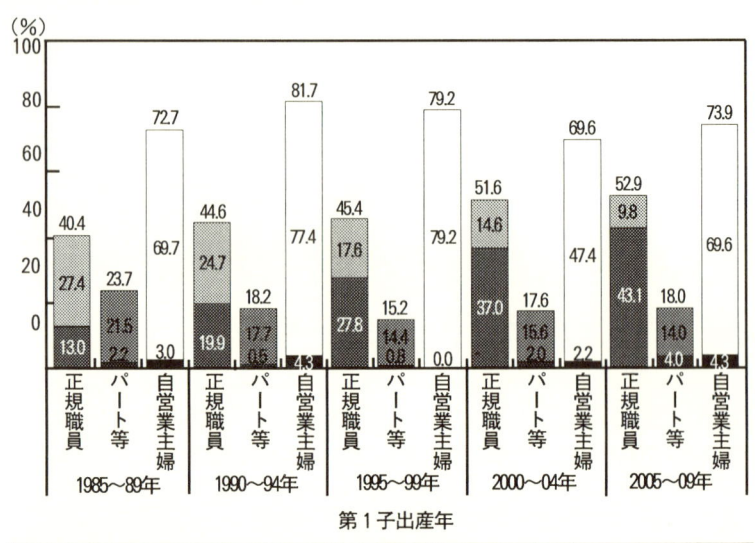

第1子出産年	正規職員		パート等		自営業主婦	
	育休なし	育休利用	育休なし	育休利用	育休なし	育休利用
1985～89年	27.4	13.0 (計40.4)	21.5	2.2 (計23.7)	69.7	3.0 (計72.7)
1990～94年	24.7	19.9 (計44.6)	17.7	0.5 (計18.2)	77.4	4.3 (計81.7)
1995～99年	17.6	27.8 (計45.4)	14.4	0.8 (計15.2)	79.2	0.0 (計79.2)
2000～04年	14.6	37.0 (計51.6)	15.6	2.0 (計17.6)	47.4	2.2 (計69.6)
2005～09年	9.8	43.1 (計52.9)	14.0	4.0 (計18.0)	69.6	4.3 (計73.9)

凡例:
- 就業継続(育休なし)/就業継続(育休利用) —— 正規の職員
- 就業継続(育休なし)/就業継続(育休利用) —— パート・派遣
- 就業継続(育休なし)/就業継続(育休利用) —— 自営業主・家族従業者・内職

資料)国立社会保障・人口問題研究所「第14回出生動向基本調査(夫婦調査)」より作成。
出産前後の就業経歴
就業継続(育休なし)―妊娠判明時就業～育児休業取得～子ども1歳時就業
就業継続(育休なし)―妊娠判明時就業～育児休業取得なし～子ども1歳時就業

も、仕事と子育ての両立は非常に大きな課題が残されている。また、今後、高齢化が一層進展することが見込まれる中で、仕事と介護の両立も重要な課題であり、結婚年齢の上昇に伴って、子どもの育児と親の介護という「Wケア」の課題が生起してきている。

第 8 章 成人期の生活

図 6 男性の育児休業取得率

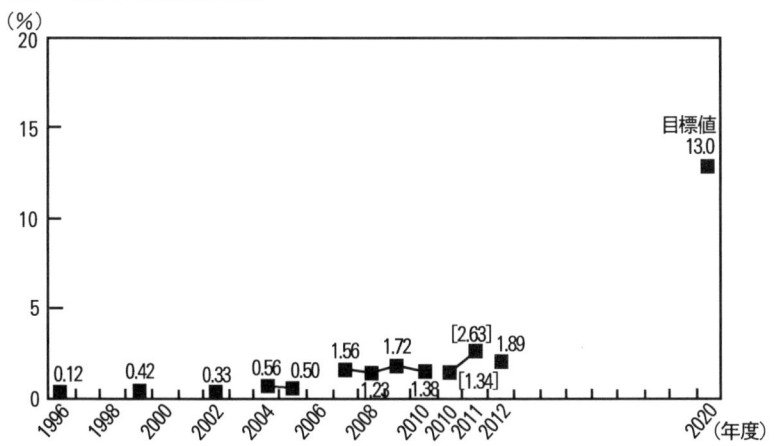

資料）厚生労働省「雇用均等基本調査」より作成。ただし、2007年度以前は、厚生労働省「女性雇用管理期本調査」による。

図 7 6 歳未満の子どもを持つ夫の育児・家事関連時間

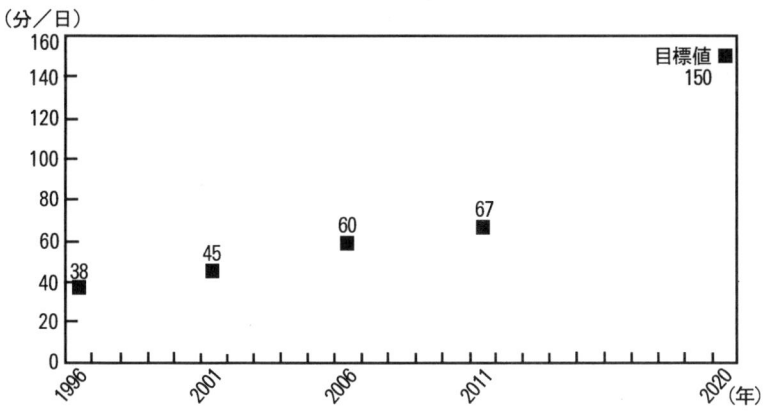

資料）総務省「社会生活基本調査」より作成。
注）数値は、夫婦と子どもから成る世帯における 6 歳未満の子どもをもつ夫の 1 日当たりの「家事」、「介護・看護」、「育児」、「買い物」の合計。

図8　待機児童数と保育所定員の推移

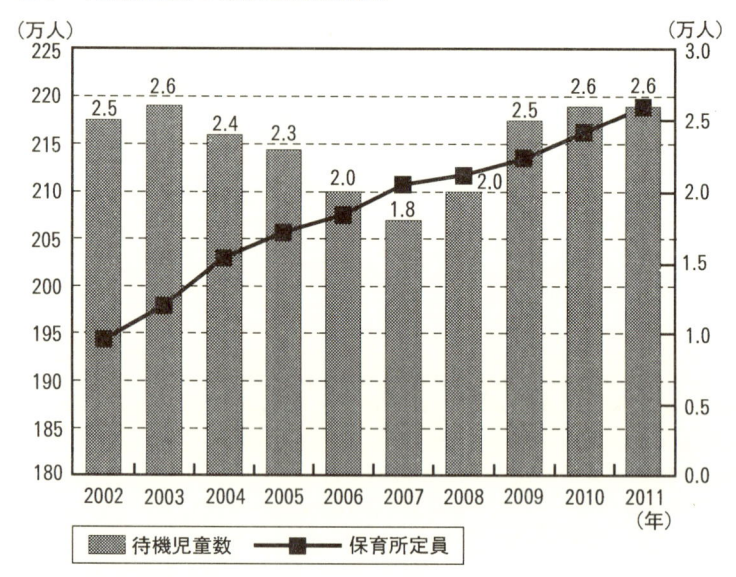

(万人)
年	待機児童数	保育所定員
2002	2.5	
2003	2.6	
2004	2.4	
2005	2.3	
2006	2.0	
2007	1.8	
2008	2.0	
2009	2.5	
2010	2.6	
2011	2.6	

資料）厚生労働省資料により作成。

3）ワーク・ライフ・バランスの実現に向けた仕事の進め方

　誰もが個人としても家族の中でもバランスよく、生活をしていくための方向性を、内閣府は、ワーク・ライフ・バランスの実現に向けて「3つの心構え」と「10の実践」のチェックリストを作成している。

表1 「10の実践」チェックリスト

①-1 会議を開く際、目的やゴールを示している。　　　　　　　　　（はい・いいえ）
①-2 会議の終了時間が守られている。　　　　　　　　　　　　　　（はい・いいえ）
②-1 職場内で作成されている資料の分量は適切である。　　　　　　（はい・いいえ）
②-2 作成した資料が無駄になることは少ない。　　　　　　　　　　（はい・いいえ）
③-1 共有キャビネットは整理整頓され、必要なものをすぐに探し出せる。（はい・いいえ）
③-2 ホワイトボードやスケジューラーを活用し、情報共有をしている。（はい・いいえ）
④-1 大きな仕事が終わった際には、概要報告をまとめている。　　　（はい・いいえ）
④-2 業務の手順書やメモは、他人が見てもわかるように作成している。（はい・いいえ）
⑤-1 上司は部下の日々の労働時間を把握している。　　　　　　　　（はい・いいえ）
⑤-2 上司は、負荷が集中している部下のサポートをしている。　　　（はい・いいえ）
⑥-1 業務分担に偏りがないか、常に見直している。　　　　　　　　（はい・いいえ）
⑥-2 特定の人のみが残業や深夜業を行うようなことはない。　　　　（はい・いいえ）
⑦-1 担当業務だけでなく、周辺の業務に関する知識を身につけている。（はい・いいえ）
⑦-2 意思決定に時間がかかり、業務が遅れることはない。　　　　　（はい・いいえ）
⑧-1 上司と部下、部下同士で、日々、スケジュールを確認している。（はい・いいえ）
⑧-2 週間予定や月間予定を、職場で定期的に確認している。　　　　（はい・いいえ）
⑨-1 電話対応等に遮られず、担当業務に集中できる時間がある。　　（はい・いいえ）
⑨-2 上司と部下、部下同士で十分コミュニケーションをとれる時間がある。（はい・いいえ）
⑩-1 パソコンの得意な人の知識が、他の人の業務にも活かされている。（はい・いいえ）
⑩-2 仕事が早い人の仕事の進め方を、職場内で共有している。　　　（はい・いいえ）

5 各国のワーク・ライフ・バランス(1)

1）イギリス―官民一体となるワーク・ライフ・バランスの展開

イギリスにおけるワーク・ライフ・バランスに関する社会的な経緯は、以下のように理解することができる。

イギリス政府は、「ワーク・ライフ・バランス」を「年齢、人種、性別にかかわらず、誰もが仕事とそれ以外の責任・欲求とをうまく調和させられるような生活リズムを見つけられるように、働き方を調整すること」と定義している。

長時間の労働や生産性の低さが意識され、労働者の健康へのマイナス面が指摘された。また、労働市場の逼迫、女性などの潜在的労働力の有効活用の観点からも、事業主は、より魅力的な雇用環境を整備する必要に迫られた。ワーク・ライフ・バランスへの関心が高まり、ワーク・ライフ・バランス施策の導入が、従業員の態度や意欲の面によい影響を与えるという

調査結果も明らかになった。

イギリス政府は、2000（平成12）年3月からブレア首相名で、5年期限の「ワーク・ライフ・バランス・キャンペーン」を展開した。キャンペーンでは、専門のコンサルタント機関を利用する事業主に対する資金援助を行うための「チャレンジ基金」の設置、先進的な企業から構成される「ワーク・ライフ・バランスのための事業主連盟」と連携して、好事例の収集や情報提供が行われた。また、2003（平成15）年4月から施行されている。2002（平成14）年雇用法により、出産休暇の拡充や父親休暇の導入、子を持つ従業員に対する柔軟な働き方を申請する権利の付与など、ワーク・ライフ・バランス支援のための取組みが強化された。

2）ドイツのワーク・ライフ・バランス

ドイツにおけるワーク・ライフ・バランスの経緯は以下のように要約することができる。

ドイツ政府は、雇用創出を目的にジョブシェアリングやパートタイム労働を推進してきた。最近では、合計特殊出生率が著しい低下、人口減少に伴う経済力の低下への懸念からワーク・ライフ・バランスへの関心が高まった。経済力を高める観点からも、家族に優しい環境整備が必須となり、官民共同の取組みや地域ネットワークの形成が図られている。

ドイツでは、政府が2003年夏から「企業における家族に優しい環境づくり」を推進するためのイニシアティブをとっており、各種のプロジェクトを推進している。さらに政府は、具体的なワーク・ライフ・バランスへの取組み策とその経済的効果を明示することにより、企業の取組み促進を図っている。また、地方分権が進んでいるドイツの特徴を生かし、「地域連携の推進」にも取り組んでいる。地域レベルにおける産官学のネットワークの形成が進んでおり、さまざまな団体がネットワークを組んで「家族に優しい環境づくり」の実現に取り組んでいる。

3）アメリカのワーク・ライフ・バランス

　アメリカにおいては、国主導というよりも企業独自の取組みが充実しているということが特徴である。国や地方自治体のワーク・ライフ・バランスへの取組みは、必ずしも積極的なものではない。しかし、働く女性の増加や家族形態の多様化などを背景に、人材確保・生産性向上の観点から、企業独自の「ファミリーフレンドリー」政策が充実している。1990年代以降は、子供・家族を持たない従業員のニーズと関心が広がり、「ワーク・ライフ・バランス」へと施策の幅が広がった。

　アメリカにおける企業の取組みにより、現在までに開発されてきたワーク・ライフ・バランスのプログラムとしては、①フレキシブルワーク②保育サポート③介護サポート④養子縁組サポート⑤転勤サポート⑥EAP（社員援護プログラム）⑦ヘルスアンドウェルネス⑧各種保険制度⑨休暇制度⑩教育サポートなどがある。特に、フレキシブルワークについては、ワーク・ライフ・バランス施策の中核として位置づけられており、具体的な勤務形態としてフレックスタイム、ジョブシェアリング、在宅勤務などがある。

4）フランスにおけるワーク・ライフ・バランス

　フランスでは、家族給付と両立支援を重視した、ワーク・ライフ・バランスに関する社会的な要請に応えることを目指した経緯がある。家族に対する経済的支援（家族給付制度）や働く母親へのサービス提供など、家族政策を重視し、政策対象となる「家族」のとらえ方も柔軟である。子育てや家庭と仕事の選択は個人が自由に行うべきで、そのための環境づくりを政策が担うという認識が広がっている。フランスにおける仕事と生活の両立支援策として、託児支援の強化があげられる。また、2005（平成17）年9月には、育児休業に関する選択肢の充実を柱とする新たな家族政策が発表された。これは、女性が働きながら子供を持つという考えを基礎に、将来の人口減少に備え出生率の向上と女性の経済的自立を目的としている。

さらに2006（平成18）年11月に、これまで主流であった在宅保育サービスを多様化し、公立の託児所の定員増加を計画する5カ年の「乳幼児プラン」が発表された。現在では、1990年代に1.71にまで低下した合計特殊出生率が2005年には1.90にまで回復しており、フルタイムで働く女性が多く出生率も回復し、国際的な関心を集めている。

6　過労死

　ワーク・ライフ・バランスの対極にある働きすぎがもたらす最悪のシナリオが過労死である。過労死とは、業務における過重な負荷による脳血管疾患もしくは心臓疾患を原因とする死亡もしくは業務における強い心理的負荷による精神障害を原因とする自殺による死亡と定義することができる。脳血管疾患もしくは心臓疾患もしくは精神障害心筋梗塞などの「心疾患」、脳梗塞などの「脳血管疾患」については、その発症の基礎となる血管病変などが、主に加齢、食生活、生活環境などの日常生活による諸要因や遺伝などによる要因により徐々に憎悪して発症するが、仕事が主な原因で発症する場合もある。[2] 1988（昭和63）年に労災問題に取り組む弁護士グループによって、「過労死110番」の全国ネットワークが開設されたことをきっかけに、過労死という言葉が広く使われるようになった。1980年代後半から過労死、自殺の増加が社会問題化し、1996（平成8）年過労死の判定基準の改正が行なわれ、過労死問題への対策が進むこととなった（堤、2009）。

　過労死の判定基準と残業時間により厚生労働省が定めた規準は以下の通りである。まず、過労死として認定される死亡原因として最も代表的な疾病は、脳梗塞や脳出血のような脳血管疾患と、狭心症や心筋梗塞のようないわゆる心疾患と呼ばれるものである。これらが過労死として認められやすいのは、働くことによる疲労の蓄積と動脈硬化や血圧の上昇などの要因との関係が科学的に証明されているからである。判定基準見直しによって、それまでには顕在化していなかったパワーハラスメントなどが原因でうつ

病、自殺なども労働災害として認定されるケースも増えてきている。

　厚生労働省が2001年に定めた判定基準では、1ヵ月あたり「おおむね45時間を超えて時間外労働時間が長くなるほど、業務と発症との関連性が徐々に強まると評価できる。」とされている。なお、過労死と考えられる死亡の直近の1ヵ月から6ヵ月までの間に45時間を越える時間外労働があったかどうかで判定される。

　なお、働く本人にとっては過重労働となり、家族にとっても家族生活に大きな影響を与えるため、ワーク・ライフ・バランスを大きく阻害する。

　過重労働が課せられる時間外労働をして死亡した場合は、死亡の2ヵ月から6ヵ月までの間に80時間以上の時間外労働があれば「業務と発病との関連性が強いと評価できる」とされている。したがってどのような雇用形態であろうとも、45時間以上、80時間や100時間を越える時間外労働を課すのは労働基準法の違法行為となると労働省（現厚生労働省）は警告している。

　しかし過労死の労災申請件数は過労自殺を含めると、減るどころか増加しているのが現状である。厚生労働省は2013（平成25）年度「脳・心臓疾患と精神障害の労災補償状況」を発表した。

　「過労死」などや精神障害の請求件数は高水準で推移しており、労災認定に当たっては、「脳・心臓疾患の認定基準」及び「精神障害の認定基準」に基づき、迅速かつ適正な労災補償に努めている。[3]

　2014（平成26）年11月1日から、過労死等防止対策推進法が施行された。近年、我が国において過労死などが多発し大きな社会問題となっていること及び過労死などが、本人はもとより、その遺族または家族のみならず社会にとっても大きな損失であることに鑑み、過労死などに関する調査研究などについて定めることにより、過労死などの防止のための対策を推進し、もって過労死などがなく、仕事と生活を調和させ、健康で充実して働き続けることのできる社会の実現に寄与することを目的として制定された。

　業務上の事由または通勤による労働者の負傷、疾病、障害、死亡などに

対して迅速かつ公正な保護をするため、必要な保険給付を行い、あわせて、業務上の事由または通勤により負傷し、または疾病にかかつた労働者の社会復帰の促進、当該労働者及びその遺族の援護、労働者の安全及び衛生の確保などを図り、もって労働者の福祉の増進に寄与することを目的として、政府管掌保険としての労働者災害補償保険法（1947年）が制定されてから70年近くを関し、労働者災害を補償されるとはいっても過労死は本人にとっては命や仕事を奪われることになり、家族にとっては、その後の生活を大きく変更せざるを得なかったり、生き方を変えざるを得ないことにもなり、家族が受ける精神的負担や経済的負担は計り知れない。
　過労死のさらなる増加に鑑み、政府は、2015年7月に、「過労死等の防止のための対策に関する大綱」を閣議決定した。
　厚生労働省では、2002年より労災請求件数や業務上の疾病と認定され、労災保険給付を受けた件数などを公表している。労働基準局による「平成26年度過労死等の労災補償状況」から過労死の状況を見ると、精神障害の労災請求件数1,456件、支給決定件数497件、ともに過去最多を記録した。労災で補償を受けた件数は121人、「命は落としていないが脳疾患や心疾患を患った人」の数を合わせると277件である。支給件数を年齢別に見ると、「50～59歳」が111件、「40～49歳」93件、「30～39歳」39件の順になっている。
　また、精神障害に関する事案はさらに増えて497件。しかもこのうち未遂を含む自殺は99件あった。年齢別では、多い順に「40～49歳」140件、「30～39歳」138件、「20～29歳」104件となっており、若者の割合が増えている現状である。[4]
　ワーク・ライフ・バランスを自分自身の生き方として、家族のあり方として、また社会全体のあり方として、誰もが自分らしい一生を送ることができる社会作り、つまり、ワーク・ライフ・バランスが求められている。特に過労死は、ワーク・ライフ・バランスのひずみがもたらすものであり、個人の生命を奪うと同時に家族員のいき方、家族のあり方、家族関係まで

表2　脳・心臓疾患の労災補償状況

区分	年度	平成22年度	平成23年度	平成24年度	平成25年度	平成26年度
脳・心臓疾患	請求件数	802	898	842	784	763（92）
	決定件数	692	718	741	683	637（67）
	うち支給決定件数[認定率]	285 [40.9%]	310 [43.2%]	338 [45.6%]	306 [44.8%]	227（15）[45.3%]（22.4%）
うち死亡	請求件数	270	302	285	283	242（17）
	決定件数	272	248	272	290	245（14）
	うち支給決定件数[認定率]	113 [41.5%]	121 [48.8%]	123 [45.2%]	133 [45.9%]	121（3）[49.4%]（21.4%）

表3　精神障害の労災補償状況

区分	年度	平成22年度	平成23年度	平成24年度	平成25年度	平成26年度
精神障害	請求件数	1,181	1,272	1,257	1,409	1,456（551）
	決定件数	1,061	1,074	1,217	1,193	1,307（462）
	うち支給決定件数[認定率]	308 [29.0%]	325 [30.3%]	475 [39.0%]	436 [36.5%]	497（150）[38.0%]（32.5%）
うち自殺	請求件数	171	202	169	177	213（19）
	決定件数	170	176	203	157	210（21）
	うち支給決定件数[認定率]	65 [38.2%]	66 [37.5%]	93 [45.8%]	63 [40.1%]	99（2）[47.1%]（9.5%）

も変容させることになる。過労死は、家族の危機ともいえるということを認識し、ワーク・ライフ・バランスの社会を招来する努力を一人ひとりがしなければならない。

注

（1）厚生労働省　労働経済白書「平成19年版労働経済の分析」。http://www.mhlw.go.jp/wp/hakusyo/roudou/07/dl/02-04.pdf

（2）厚生労働省「脳・心臓疾患の労災認定"過労死"と労災保険」パンフレット。http://www.mhlw.go.jp/new-info/kobetu/roudou/gyousei/rousai/dl/040325-11.pdf
（3）厚生労働省　平成26年版「厚生労働白書」336頁。http://www.mhlw.go.jp/wp/hakusyo/kousei/14/dl/2-03.pdf
（4）厚生労働省労働基準局補償課職業病認定対策室　「平成26年度「過労死等の労災補償状況」平成27年　http://www.mhlw.go.jp/stf/houdou/0000089447.html

参考文献

池田心豪(2008)「ワーク・ライフ・バランスに関する政策 仕事と生活の調和(ワーク・ライフ・バランス)憲章を中心に」家族社会学研究20(2)、85-94。

大塚泰正・堀田裕司(2013)「労働者の健康・メンタルヘルス」日本労働研究雑誌633、62-65。

岡本洋子(2007)「『自殺対策基本法』の施行と社会全体で取り組む自殺対策」社会関係研究13(1)、1-41。

堤明純(2009)「事業場のメンタルヘルス対策の現状と将来」産業医学レビュー、271-291。

両角道代(2008)「ワーク・ライフ・バランスの基本原理 育児と雇用の両立をめぐるスウェーデン法の発展を素材として」大原社会問題研究所594、36-53。

宮城まり子・齋藤勇・今村泰子(2010)「労働者のメンタルヘルス支援とワークライフバランス」立正大学心理学研究所紀要8、29-43。

第9章　高齢期の生活

| Key Words　サクセスフルエイジング　老年学　社会離脱理論
継続雇用制度　社会的喪失　新オレンジプラン |

1　高齢期とライフコース

　高齢期の定義は必ずしも1つではない。国連では、60歳以上を高齢期とし、世界保健機構（WHO）では、65歳からとしている。日本における高齢期の定義は、世界保健機構や他の先進国同様に、高齢者は65歳以上としている。なお、日本老年学会では、その高齢期を65歳から74歳を「前期高齢者」、75歳から89歳を「後期高齢者」、そして90歳以上を「超高齢者」と定義している。

　1963年に制定された老人福祉法のなかには、「老人」の定義はなく、法第2条に、「老人は、多年にわたり社会の進展に寄与してきた者として、かつ、豊富な知識と経験を有する者として敬愛されるとともに、生きがいを持てる健全で安らかな生活を保障されるものとする。」という高齢者に対する福祉の基本理念が記されている。

　法では、明確に年齢の規定はないものの、老人福祉法は老人の福祉に関する法律であるため、その第5条の4で、高齢者のためのサービス福祉事業による支援を受けることができる年齢を65歳以上と規定している。また、第3条「老人は、老齢に伴って生ずる心身の変化を自覚して、常に心身の健康を保持し、または、その知識と経験を活用して、社会的活動に参加するように努めるものとする。」

　第2項には、「老人は、その希望と能力とに応じ、適当な仕事に従事す

る機会その他社会的活動に参加する機会を与えられるものとする。」とあり、高齢者自身の責任としての心身・社会的自立への努力とその実現のための環境の整備が明示されている。

2014年の内閣府の意識調査では、高齢期を70歳以上と捉える人が増加してきており、身体機能、知的機能から見て、社会活動を十分に営む能力があるとして、高齢期の定義の変更も考慮されていく趨勢にある。

日本の平均寿命は、第二次世界大戦後に急速に伸長した。厚生労働省(2015年)の推計では、平均寿命も2060年には、男性は、84.19年、女性は、90.93年となり、誰もが90年を生きる社会が到来する。2060年には、2.5人に1人が65歳以上、4人に1人が75歳以上と、更に高齢化が進むと推計されている。

第1回の生命表による明治時代の1896年〜1901年の平均寿命は、男性42.8歳、女性44.3歳であった。1947年は男性50.06歳、女性53.96歳で、まだ「人生50年」の時代であったが、1950年代後半からの高度経済成長期を経て、1975年には男性が70歳を超え、71.73歳となり、1985年には、女性が80.48歳と80歳を超えた。厚労省の2015年7月の発表では、男性80.50歳、女性は、86.83歳と世界一を維持し続けている。

エリク・ホーンブルガー・エリクソン（Erik Homburger Erikson）による乳児期、幼児期、幼児期初期、学童期、青年期、成人期初期、成人期後期、老年期の人生の8段階のなかでも「老年期」が15年から20年以上と長期化しており、社会的存在としての個々人の生き方と共に、生涯にわたる生活過程であるライフコースの変化と共に解決すべき発達課題も多様化してきた。

これからは、「アイデンティティ」の確立を果たしてきた人生の前半・中葉期から、高齢期の個々人で異なる加齢現象を受容し、社会に適応しつつ、自己実現のサクセスフルエイジングを全うするための90年の人生を考えていかねばならない。人生50年、60年といわれていた時代は、子どもが独立したときや、定年退職による社会的役割の終わりが、人生の終結に連

動していた。しかし、現在の高齢者は、高齢期が長い。定年から20年以上の第2の人生をいかに過ごすかが重要になってくる。

2　高齢期の生き方

1）サクセスフルエイジングの高齢期

　加齢による心身の変化を受容し、社会環境の変化に適応しつつ、豊かな老年期を送るような生き方を「サクセスフルエイジング」という。この考え方は、長期化した高齢期を社会からの孤立や心身の老化などの課題を抱えつつも、やりがい、生きがいを持って仕事やボランティア活動など、社会的な場で、自分を活かし、自己存在を確認することができるプロダクティブエイジングの考え方が徐々に注目され始めてきたことによる。1980年代から高齢期を受け入れ、積極的に生きる高齢期とするサクセスフルエイジングの考え方は、広く受け入れられるようになった。この考え方は、老年学（gerontology）領域の中では、極めて早く登場した用語であり一貫して老年学研究として進められてきたテーマである。

　高齢期の過し方や高齢者を「サクセスフルあるいはアン・サクセスフル」といった観点からその違いを明らかにしようとする研究が1950年代から見られ、サクセスフルエイジングという用語が広く認識され、関心を集めるようになったのは、ハヴィガースト（Havighurst, 1961）の提唱からである。それ以前は、高齢期の関心といえば、老年期の疾病、寝たきりが中心となっていたが、老年学という心理学、社会学、経済学、人口学、社会福祉学など学際的分野からとらえられるようになった。ともすると暗い老いの病理に目を向けがちになるが、明るい老いに目を向けて、加齢をポジティブに捉えることに主眼を置くべきであるとする哲学を有する老年学の力は大きい。老年学の精神は、「幸福な老い」、「理想的な老い」すなわち「サクセスフルエイジング」を追求することである。老年学は、加齢は万人に例外なく平等に起きる現象と見なし、老いることを衰退としてみるのではな

く、発達と捉えなおす学問でもある。それは、高齢者から学ぼうという姿勢、周りの人々が高齢者を積極的に評価すること、高齢者が潜在的に持っているポジティブな面を引き出すこと、高齢者が持つ有形・無形の資産を社会に活かすための方法を導き出すために必要なことでもあった。

2）社会活動理論でとらえる高齢期

　高齢期は、それまでの時期と本質的には変わらず同じ心理学的、社会的ニーズを持っていると考えられている。高齢期に特徴的な社会的相互作用の減少は高齢者を社会から撤退させることになるが、この社会相互作用の減少は、一般に高齢者の意に反して進む。順調に年をとっている高齢者は、依然として活動的であり、社会的世界の縮小に何とかして抵抗している。そして、中年期の活動をできる限り長く維持しようとしており、年齢による退職を強いられているときには仕事に代わるものを、亡くなった友人や愛すべき人に代わるものを、というように、放棄するよう強いられている活動や失うことを余儀なくされているものの代替物を見い出している（嵯峨座晴夫、1993）という考え方が社会活動理論である。

　ハヴィガーストとアルブレヒト（Havighurst, R.J. and Albrecht, R.）によると、職業は、成人期の個人生活の多くを占めており、個人に役割を与え、対人的交流や能力を発揮する機会を与えるとしている。個人は、そのような場面でこそ喜びや生きがいを感じることができる。すなわち、職業は、人に生きる意味を与えてくれる重要な生活の場である。こうした観点からみれば、職業からの引退は、その後の生活における不適応の直接の原因であるから、職業において得ていたものを引退後も継承すること、活動の継続こそが高齢期の幸福感を維持させるものとなるという社会的活動をできる限り長く続けることのできる社会の構築がこの考え方の根底にある。現代社会における長くなった高齢期の生活において、活動的でないよりも活動的な方が良いとし、高齢期の新たな生活パターンをつくりそれに移行するよりも、高齢期に至るまでの間の中年期に築き上げた生活パターンを

維持した方がより行動的な高齢期を生きることができるということを前提にしている。

3）離脱理論で捉える高齢期

カミングとヘンリー（Cumming, E. and Henry, W.H）によると、高齢期は、死に最も近い人生の時期であり、死の前の段階であるため、死に備えて社会活動から離れ、社会的関係を徐々に縮小していくことで、人生を全うすることができるという考え方である。引退のもたらす個人の活動量の低下と人間関係の減少は、加齢に伴う自然で避けられない過程であり、それは産業上の世代交代あるいは社会の機能を保つという意味で必然的なことであるとされた。そればかりでなく、個人の人生を職業生活や他者との関係のみに結びつけずに、高齢期は健康や自立の喪失が避け難い時期であるため、自分自身の内なる世界、個人的な価値や最終期の目標の達成に費やすための時間として人は望むものであるともされている。社会離脱理論によれば、社会への参加水準が低いほど個人の幸福感は高いと考えられていた。そして、個人が社会からの離脱を受け入れるのは、自分に死が近づきつつあり、残された時間がもうそれほど長く無いと感じた時に、自分の内から湧いてくる力が衰えた時といわれていおり、それが、高齢期であり、社会からの引退の時期であるととらえられていたのである。すなわち、1960年代までは、高齢者の問題は、第一線から退いた人たちの余暇の過ごし方、特別な意味を持つ人生を完成させる静かな時期であるということが疑いのない見解であった。

しかし、平均寿命も伸長し、長くなった高齢期は、健康で自立して生きることが可能な時期だと見直す動きが広がってきている。社会離脱理論は、社会活動理論の登場により批判も多く出たが、近年はこの考え方が見直され、高齢期を迎えたことによる社会活動の減少性を、資産の減少や身体機能の低下という「喪失」とするとらええ方から、資源の減少や身体機能の低下を見越した、多様な生き方の一類型としての高齢者自身の行動の結果

であるというようになってきている。

4）連続性理論でとらえる高齢期

　ニューガルテン（Neugarten, B.L.）は、社会的離脱によって老年期に適応できるか否かは、個人のパーソナリティによって異なり、高齢期にある個人であっても、発達心理学的観点からみれば、その前段階からの変化が連続しており、その変化もまた個人が選択したものであるとする考え方である。

　人は、高齢期に至る前までも職場の異動や働き方の変化、家族関係・家族環境の変化、そして若年期であっても加齢による衰えは、少なからず不連続的に経験してきていることである。したがって、引退後にも継続して社会活動を行うといっても、再就職という職場の変化であったり、加齢による心身の微妙な変化や働き方の質的な変化は発生するがそれへの対応は困難を極めることではない。これまでにも経験したことのある変化に対しては、適応力もある。職業生活の継続、その他の社会活動であっても喪失した部分の埋め合わせを行うことができ、たとえ、交友関係のあった人を失ったとしても、人間関係を縮小して生きることもできまた新たな社交によって他の友人を得ることでその埋め合わせもできる。量的にも質的にも変化はあるものの、高齢期前の生活と引退後の生活を変えることなく活動水準を維持することができるのが高齢期であるという考え方も支持されている。

　連続性理論は、老年期への適応は、社会活動理論も社会離脱理論も適切でなく、個々人が人生の中で確立してきた要求に沿って、環境を選択し続けるものであり、活発な社会的活動を維持し続けることで幸福感を得る人もいれば、社会的活動を抑制することで老年期に適応する人もいるため、人それぞれの加齢パターンや社会的活動と人生に対する満足度の関係に規定されるとしている。

5）多様な生き方ができる高齢期

　従来の西欧の一般的な人生モデルにおいては、老年期を児童・成年世代、成人世代に次ぐ第3世代（Third Age）と捉え、引退後の生活においても社会活動・自己実現を達成することをサクセスフルエイジングと位置づけ、ローウィとカーン（Rowe, J.W. and Kahn, R.）はその3要素を挙げている。①病気や障害のリスクを最小化していること、②心身の機能を最大化していること、③社会的・生産的な活動を維持していること、である。心身ともに健康で、社会貢献し続けることが望ましい高齢期の姿であると規定され、これまで広く受け入れられてきた。また、ヘビーガーストは、高齢期を個々人ごとに望ましく適応すし、次の3つの条件を達成すればよいとしている。それは、①パーソナリティが強靭であること、②社会環境が支援的であること、③身体が強健であることであり、人と環境に着目したとらえ方である。

3　家族と高齢期の生活

　フェルディナンド・テンニースは、家族をゲマインシャフトという第一次集団として規定し、人は自分が生まれ育つ最小単位の集団である「家族」によって人格と価値観を育てられ、終生にわたって育ってきた環境や家族との関係に影響されるところが大きいといわれている。現代社会においては、少子化・高齢化、晩婚化・非婚化といった家族形態の多様化が進み、貧困や格差、階層分化を生んでいる。

　自己を認識し、社会的自我を形成し、社会人としての社会化を第一次的に達成させる基盤を作るのが家族であるが、核家族化が進み、家族の在り方は変わり、家族類型別にみた世帯数の推移は、「夫婦のみの世帯」や「女親と子から成る世帯（母子家庭）」といった核家族は年々増加傾向にある一方で、「夫婦と未婚の子から成る世帯」は減少傾向にある。家族も「個人化」してきたといわれ、「単独世帯」は、25年間で2倍に増え、全世

帯に占める割合は3割を占め、「夫婦と未婚の子」世帯に迫っており、「三世代世帯」は8％を占めるにいたっている。単独世帯は、若年者だけでなく、未婚の中高年、高齢者などが増加傾向をみせている、といったことがわが国の現代の家族構造の特徴である。「夫婦のみの世帯」と「単独世帯」の増加には、高齢者世帯と高齢単身者世帯が含まれており、この増加が核家族の中でも目立って大きな変化を示している。

　これら高齢世帯や高齢単身世帯の高齢者は、現代社会においては、その心身の健康自立、経済的自立、社会的自立の課題が大きい。高齢期になっても社会的な活動は奨励され、特に経済的自立を補強するための就業は、その個人が社会的に認知される上で、また自己実現の1つの形として、そして、経済的安定のための重要な要素を持つ。仕事は個人の自尊心、生活の満足感、社会的経済的状態を決定する大きな要因となっているものの、高齢期になると仕事や役割からの引退、新たな社会的存在に移行する人生の時期でもある。

　退職やそれまでの役割は、高齢者にとって人生における最も重要な状況変化の1つである。高齢期の生活の始まりは、職業生活の退職や役割からの離脱からといってもよい。日本は、女性の社会進出は他の先進国に比べると遅いものの今後は、職業生活からの退職が高齢期の生活の始まりだということは、男女共におきてくる生活変化となっていく。高齢期問題は、職業社会からの離脱に始まり、家族内役割の変化は、男女に共通した人生の過ごし方を考える時代に移行していく。

　現在の高齢期の深刻な課題は、2000年から施行の介護保険制度の利用と負担の重圧である。介護の必要がなく健康に生活できる期間の指標である「健康寿命」は、2013年で男性が71.19歳（平均寿命80.21歳）、女性は74.21歳（平均寿命86.61歳）である。平均寿命と健康寿命の差は、男性が9.02年、女性が12.4年である。従来、介護が女性の肩に大きく担わされてきたし、現在もその7割が女性である。ここからも、家族構造が変化し高齢者の半数以上は高齢世帯・単身世帯である現状から、介護保険制度の利用を考え

るとしても社会的負担と利用者負担の重荷は増し加わり、高齢期の最終段階における深刻な要介護問題は「女性の問題」である。

4 高年齢期の経済的自立と社会活動の自立

　高年齢者雇用安定法は65歳までの安定した雇用を確保するため、①定年の引上げ、②継続雇用制度の導入、③定年の定めの廃止のいずれかの高年齢者雇用確保措置を講じるよう義務付け、高年齢者などの再就職の促進、定年退職者などに対する就業の機会の確保を図ることを目的としている。

　2014（平成26）年「高年齢者の雇用状況」集計結果では、高年齢者雇用確保措置の実施済企業（従業員31人以上の企業）の割合は98.1％である。そのうち①定年の引き上げにより措置をおこなった企業は15.6％、②継続雇用制度の導入により措置をおこなった企業は81.7％、③定年の定めの廃止により措置をおこなった企業は2.7％となっている。「定年の引上げ」、「定年の定めの廃止」により高年齢者雇用確保措置を講じるよりも「継続雇用制度の導入」により高年齢者雇用確保措置を講じる企業の比率は高い。また、「継続雇用制度の導入」により措置を講じている企業のうち、希望者全員を対象として65歳以上の継続雇用制度を導入している企業は66.2％となっている。

図1　雇用確保措置の内訳

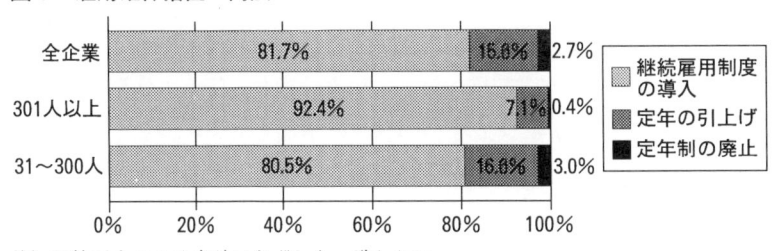

	継続雇用制度の導入	定年の引上げ	定年制の廃止
全企業	81.7%	15.6%	2.7%
301人以上	92.4%	7.1%	0.4%
31～300人	80.5%	16.6%	3.0%

注）四捨五入のため合計は必ずしも一致しない。
資料）厚生労働省報道発表資料　2014年10月。

しかし、2014年の「国民生活基礎調査」によると、高齢者世帯の収入源の約7割は「公的年金・恩給」が占め、年金は、高齢期の所得の柱となっている。年金支給開始年齢の65歳まで継続雇用制度の導入により就業している者が多くなっているが、これは、意欲と能力に応じて働き続けられる環境の整備を目的として、2013（平成26）年4月1日から施行された「高年齢者等の雇用の安定等に関する法律」の一部改正によるものである。高齢期の社会参加の1つが就業継続であると同時に、就業以外の社会的活動も欠かせない。

　高齢期は喪失の時期でもあるが、それは高齢期に誰もが経験する必然の喪失であるとも言える身体的喪失、精神的喪失、経済的喪失、社会的喪失である。すなわち①身体的喪失とは、個人差はあるものの高齢期を迎えると誰にでも等しく訪れる身体機能の低下である（聴覚や視覚、義歯、白髪、体力の衰えなど）、②精神的喪失とは、身体的・社会的・経済的喪失を体験することであり、そのことで抑うつなどの症状を引き起こし、精神的健康に影響を及ぼすことがあり、③経済的喪失とは、定年退職などにより収入が減少することで、生活水準の低下や世間的な付き合いの希薄につながる、さらに、④社会的喪失とは、子どもの成長による親の役割の喪失、定年退職、配偶者との死別などによる家族や社会との人間関係の喪失などである。

　このような喪失をどのように受け止め、どのように対応していくかが、高齢期の自立、生活の質の維持・確保につながるのである。

　「グループ活動への参加」は、平成5年に42.3％、平成15年に54.6％であったが、平成25年には61.0％へと上昇している（図2）ように、高齢者はそれぞれに多様な社会活動を行っている。また、生業・就業も同様に、平成5年から経年3.9％, 6.0％, 8.4％へと増加している。また図2に見るように、生涯学習の内訳としては「健康・スポーツ」が一番高く、次いで「趣味的なもの」となっている。3番、4番目には「家庭生活に役立つ技能」、「教養的なもの」となっているが、生涯学習をしたことが無いと答えた人も4割以上いる。

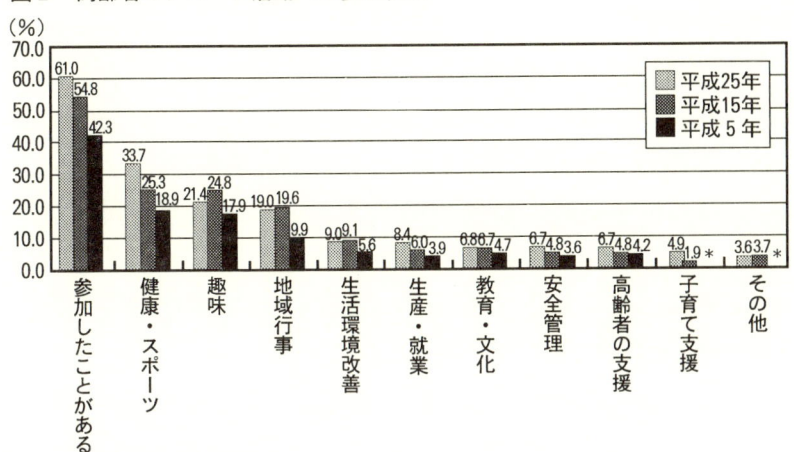

図2　高齢者のグループ活動への参加状況

(%)

項目	平成25年	平成15年	平成5年
参加したことがある	61.0	54.8	42.3
健康・スポーツ	33.7	25.3	18.9
趣味	21.4	24.8	17.9
地域行事	19.0	19.6	9.9
生活環境改善	9.0	9.1	5.6
生産・就業	8.4	6.0	3.9
教育・文化	6.8	6.7	4.7
安全管理	6.7	4.8	3.6
高齢者の支援	6.7	4.8	4.2
子育て支援	4.9	1.9	*
その他	3.6	3.7	*

注1）調査対象は、全国の60歳以上の男女。
　2）＊は、調査時に選択肢がないなどで、データが存在しないもの。
資料）内閣府「高齢者の地域社会への参加に関する意識調査」（平成25年）。

　健康の秘訣は役割を失わず、心身の活動を続けることであり、年をとっても目標を失わないことである。老後の生活にポジティブな考えをもつことは、定年退職を準備する上でも大切なことである。ところが、我が国の場合、多くの男性は定年間際まで仕事人であり続け、定年後に老後の生活を計画することが一般的である。しかし、それでは遅いのである。少なくとも、定年になる5年前には老後の人生設計を書き終えている必要がある。そのことで、新たな人生に対する前向きな姿勢を保持することが出来、老人はその知識と経験を活用して積極的に社会活動に参加することが出来るようになるのである。

1）高齢期の一般的な不安

　高齢期は一般的に、健康上の問題や加齢に伴う心身機能の低下が起こりやすく、日常生活に影響を受けやすい。また、定年退職などによる仕事の引退は、経済上の問題および社会的役割の喪失など、生きがいの低下につ

ながる場合もある。人間は、加齢に伴い、要介護状態など他者への依存性が増大する疾病などによる健康上の不安や問題は大きい。高齢者の受療率は高く、慢性化しやすい傾向にある。また、高齢期における環境変化は心身に影響を与え、生存や環境適応に影響をおよぼしやすい。加齢に伴う身体・心理・社会的側面の影響を受け、老年期のうつ病を発症する場合もある。加齢に伴う身体的な現象として、視力、聴力、運動器、循環器、呼吸器、代謝系、造血系、腎泌尿器系の機能低下がみられる。視力、聴力、運動器、循環器などの機能の低下が徐々に現れ始めてくるからである。

　心身機能の低下に伴う介護の問題は、長期化した高齢期を過ごす人々にとってもまたその家族にとっても大きな課題が生起する家族問題でもある。高齢者には、要介護状態や認知症になっても地域生活を継続するために、地域全体で見守り支える仕組みが必要であり、そのためには、包括的保健・医療・福祉の連携は必要不可欠な取組みとなってきた。その1つに、「認知症施策推進総合戦略（新オレンジプラン）2015（平成27）年～2025（平成37）年まで」がある。高齢化の進展に伴い2025年には約5人に1人が認知症の人またはその予備群と推計され、7つの柱に沿って、施策を総合的に推進していく取組みが行われている。

　①認知症への理解を深めるための普及・啓発の推進、②認知症の容態に応じた適時・適切な医療・介護などの提供、③若年性認知症施策の強化、④認知症の人の介護者への支援、⑤認知症の人を含む高齢者にやさしい地域づくりの推進、⑥認知症の予防法、診断法、治療法、リハビリテーションモデル、介護モデルなどの研究開発及びその成果の普及の推進、⑦認知症の人やその家族の視点の重視である。

　高齢期における環境変化は心理面におよぼす影響は強く、リローケーション・イフェクト（移転の影響）といわれる環境変化に伴う否定的な影響が生じる可能性が高い。そのため、認知症になっても住み慣れた地域で住み続けられるような地域ぐるみの支援が求められる。行政と地域住民が一体となって、認知症徘徊模擬訓練などを行い認知症の人を地域で支える取

り組みも広がってきている。

　高齢期は寿命からして死への準備（終活）段階の時期でもある。近年、自分らしく最期まで生き続けるための準備や最期を迎えたときのことについて準備を行う"終活"が広がりつつある。これは、自己実現の１つのあり方とも、家族構造の変化による死の見取りや、葬祭の継承に課題を持つことが増加したからとも言われている。

　E.キューブラー・ロスは、その著「Death（死）」で、死について学ぶことは「the final stage of growth（成長の最後の段階）」してその副題にもなっている。人は成長しながら人生を生き続け、成長の最後の段階として死を迎えるということを強調しているのである。

　わが国は、長い歴史のなかで、死を話題にすることを避けてきたが面がある。しかし、だれも死を避けることはできないし、日頃から自己の生や死について考え、話し合い、教育することが必要であるという考え方が徐々に広がってきている。「終活」などとした民間での動きがあるのは、愛する人や自己の終末期や突然死の時の対応に備えることができるということの現れであるといえる。

　終末期は、病気が現代医学では絶対に治癒しないという診断がなされた時から死までの期間と考えられており、その期間はおよそ３～６ヵ月以内と予期される時期である。終末期には様々な意思決定が求められる。

　高齢期の生活は最後のイベントを迎えるライフステージであるサクセスフルエイジング（幸福な老い）は、高齢期のどのような状態になっても持つことのできる主観的幸福感の充足度ととらえることが大切である。人生最後の時期である高齢期の不安を軽減し、充実した自己の人生を締めくくるために、高齢期の生活の中での死の準備が自然に行われることが望ましい。

参考文献

小田利勝『サクセスフル・エイジングの研究』学文社、2004年。

嵯峨座晴夫『エイジングの人間科学』学文社、1993年。

A. デーケン 曽野綾子編『生と死を考える』春秋社、1984年。

井形昭弘「サクセスフルエイジングとはなにか」『老年精神医学雑誌』2009年、20（9）、1023-1028。

石田一紀編『新エッセンシャル老人福祉論―高齢者に対する支援と介護保険制度』（2013）みらい。

一番ケ瀬康子・薗田碩哉・牧野暢男『余暇生活論』有斐閣、1994年、17-28。

落合千恵子「認知症医療支援診療所が認知症支援の新しい流れに」『おはよう21』中央法規出版、2014年、16。

神谷美恵子『生きがいについて』みすず書房、1980年、8-109。

賀戸一郎・佐々木隆志編『サクセスフルエイジングのための福祉』勁草書房、2001年。

社会福祉士養成講座編集委員会編『新・社会福祉士養成講座〈13〉高齢者に対する支援と介護保険制度』中央法規、2012年。

スー・ベンソン編集、石崎淳一他監訳『パーソンセンタード・ケア〈改訂版〉 認知症・個別ケアの創造的アプローチ』クリエイツかもがわ、2005年。

タクティールケア普及を考える会編『タクティールケア入門 スウェーデン生まれの究極の癒し術 第3版』日経BPコンサルティング、2008年。

日本老年社会科学会『第52回日本老年社会科学会大会教育講演 資料』、2010年。

藤ヶ谷明子「話題の『ユマニチュード』ってどういうもの？」『おはよう21』中央法規出版、2014年、20。

水野裕『実践パーソン・センタード・ケア―認知症をもつ人たちの支援のために』ワールドプランニング、2008年。

箕岡真子「あなたが"いのち"の主人公―自分の最期の生き方を考えるために―事前指示『私の四つのお願い』のススメ」『終末期の現状と課題―誰があなたの最期を決めるのですか―第11回高齢者・障がい者権利擁護の集い 資料集』日本弁護士連合会・九州弁護士会連合会・熊本県弁護士会、2013年、26-32。

安村誠司・甲斐一郎編『高齢者保健福祉マニュアル』南山堂、2013年。

第10章　超高齢社会と福祉

> Key Words　　高齢化率　合計特殊出生率　団塊ジュニア
> 　　　　　　　社会的孤立　介護保険制度

1　高齢化率の上昇

　日本の高齢社会の進行は、予想以上の速さで進行している。急激な高齢化の進行につれて、人々の生活状況・生活意識・高齢者をめぐる家族構造には大きな変化が生じている。社会経済が発展し、人々の生活の質が向上すると、死亡率の低下や寿命の伸長による長寿化と、晩産化や出産の選択による少子化が進み、その結果、高齢者が増加して、子どもが少ない社会になっていく。この状況を「人口高齢化」とよんでいる。

　「高齢社会白書」（内閣府、平成26年版）によれば、わが国の65歳以上の高齢者人口は、1950年には総人口の5％に満たなかったが、1970年に7％を超え（国連の報告書において「高齢化社会」と定義された水準）、さらに、1994年にはその倍の水準である14％を超えた（「高齢社会」と称された）。高齢化率はその後も上昇を続け、現在、25.1％となっている。

　「国勢調査」（総務省）によれば、日本は人口減少社会と呼ばれ、2008年の1億2,810万人をピークに総人口は減少へと向かっており、2013年現在、1億2,730万人となっている。

　将来推計人口によると（2012年1月に国立社会保障・人口問題研究所が公表した「日本の将来推計人口」）、わが国の総人口は、長期の人口減少過程に入っており、2026年に人口1億2,000万人を下回った後も減少を続け、2048年には1億人を割って9,913万人となり、平成72（2060）年には8,674万人

になると推計されている。

　ところが、高齢者人口は、「団塊の世代」が65歳以上となる平成27年には3,395万人となり、「団塊の世代」が75歳以上となる2025年には3,657万人になると見込まれている。その後も高齢者人口は増加を続け、2042年に3,878万人でピークを迎え、その後は減少すると予測されている。

　総人口が減少する中で高齢者が増加することによって高齢化率は上昇を続け、2035年33.4％、2060年には39.9％と、国民の約2.5人に1人が65歳以上の高齢者になる社会が到来する（「高齢社会白書」）。

　高齢化の要因は、①平均寿命の延伸による65歳以上の人口の増加と、②少子化の進行による若者の人口の減少、の2つである。

　現在の傾向が続けば、現在1人の高齢者を3人で支えている社会保障は「騎馬戦型」の構造になっているが、2050年には1人の高齢者を1.2人で支える「肩車型」の構造になると予想されている（図1）。

図1　日本の将来推計人口

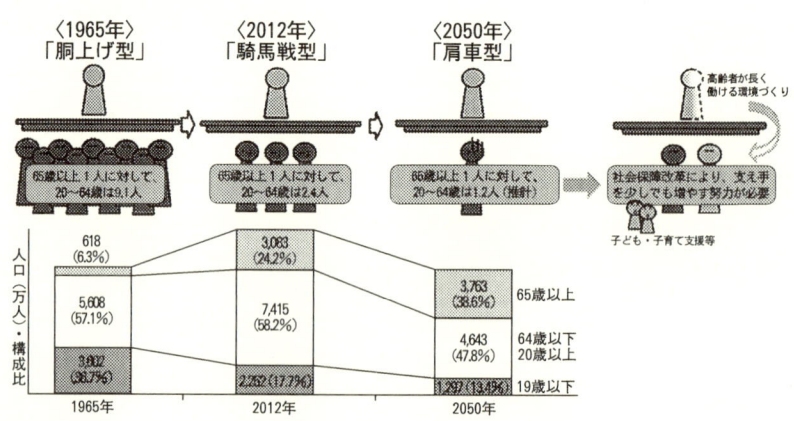

資料）総務省「国勢調査」「人口推計」、社会保障・人口問題研究所「日本の将来推計人口（出生中位・死亡中位）」

第10章　超高齢社会と福祉

1）平均寿命の延び

　厚生労働省が2015年に発表した「簡易生命表」によれば、2013（平成25）年の日本人の平均寿命は男性80.21歳、女性86.61歳で、いずれも過去最高を更新し、男性が初めて80歳を超えたことが厚生労働省の調査で分かった。国際的な比較では女性は2年連続世界一、男性は前年の5位から4位に上昇した。同省はがんなどの死亡率が低下したことが要因とみている。

　平均寿命（0歳の子どもが何年生きられるかを示す数値）は2012年に比べ、男性は0.27歳、女性は0.20歳延びた。2013年生まれの人のうち65歳まで生きるのは男性88％、女性93.9％。90歳まで生きるのも男性23.1％、女性47.2％と試算している。

　日本人の平均寿命は、男女とも終戦直後の1947（昭和22）年は50歳代だったが、25年には女性が、26年には男性がそれぞれ60歳を超えた。その後、女性は35年には70歳代、59年には80歳代に到達し、2002（平成14）年には85歳を超えた。男性が70歳代になったのは昭和46年で、その後約40年かけて10歳分延びたことになる。

　厚労省によると、医療技術の向上などで、がん、心臓病、脳卒中で死亡する人の数が減っていることが平均寿命の延びに大きく影響しているという。また、「医療技術が進歩すれば、さらに平均寿命が延びる余地がある」としている。

　2015（平成27）年6月発表の世界各国・地域の最新統計との比較では、女性が香港（86.57歳）を僅差で抑え、長寿世界一の座を守った。男性も前年の5位から4位に順位を上げた。男性のトップは香港（80.87歳）であった。

2）少子化の進行

　2014年の人口動態統計（厚生労働省）によると、合計特殊出生率（1人の女性が生涯に何人の子どもを産むのかを推計したもの）は1.42となり、9年ぶりに低下した。2005年の1.26を底に緩やかに上昇していたが、前年を0.01

ポイント下回った。女性が第1子を産む平均年齢は30.6歳となり、晩婚・晩産が一段と進んだ。出生数は100万3,532人で、人口減少と少子化への対策が急務であることが改めて浮き彫りになった。

　出生率は2005（平成17）年を底に上昇傾向をたどり、2013（平成25）年まで2年連続で上昇していた。第2次ベビーブームの「団塊ジュニア」（1971～1974年生まれ）と呼ばれる世代が30歳代後半から40歳代にさしかかって出産に積極的になったためであった。

　2014（平成26）年は「団塊ジュニア」世代の出産が減少し、前年の約7万人から5万人未満に減った。さらに20歳代が一段と子どもを産まなくなっている。出生率を年代別にみると、20～24歳、25～29歳はいずれも4年連続で低下した。30歳代前半は9年連続で上昇しているものの、20歳代の低下を補うことができず、全体では前年を下回った。

　出生率の低下は結婚・出産の年齢が上がっていることとも関係している。平均初婚年齢は2014年には男性が31.1歳、女性が29.4歳まで上昇した。女性が第1子を産む平均年齢は1995年に27.5歳だったが、30.6歳となり、過去最高だった前年（30.4歳）よりさらに上がった。

　第1子の出産年齢が上がると、第2子以降の出産も減る傾向にある。2014（平成26）年の第2子の出生率は5年ぶりに低下した。晩婚化や晩産化が一段と進んだことが出生率を押し下げた可能性が高い。

　出生率が2014（平成26）年まで3年連続で1.4を超えたのは780万人いる「団塊ジュニア」の出産が押し上げた面が大きい。この世代の出産がピークを越え、今後はゆるやかな低下傾向をたどる可能性がある。国立社会保障・人口問題研究所は「出生率は長期的に1.35で推移する」と予測している。

　2014（平成26）年の出生数は100万3,532人で2.6％減った。出産の中心となる15～49歳の女性の人口は2,566万7,165人で1.0％減っている。このペースでは、27年は出生数が100万人を割り込む公算が大きい。

　出生数から死亡数を引いた人口の自然減は26万9,488人で、過去最大の

減少幅であった。人口減少が続くと労働力が目減りし、持続的な経済成長が難しくなる。医療や年金などを支える現役世代の負担が増し、結婚や出産をためらう「負の循環」に陥る恐れがある。

政府は少子化大綱で今後5年間を少子化対策の集中期間としたが、少子化対策や人口減への取組みが急務である。

日本の出生率低下の要因としては、若い世代の非婚率や婚姻率（有配偶率）の低下、結婚しても子どもを産まない「有配偶出生率」の低下にある。死亡率は、第二次大戦後に日本人の生活環境はあらゆる面で改善され、その結果、死亡率は大幅に低下した。死亡率低下の要因として、①経済的生活水準の向上、②高度に発達した医学・公衆衛生、②医療サービスの普及などである。死亡率低下の結果として、平均寿命が著しく伸長した。

3）少子化による若者の人口減少

若者人口（10〜29歳）の割合を見ると、我が国の若者人口の減少は、国際的に見ても早いスピードで進展している。1950年代から若者人口比率が上昇し、1970年にはピークとなる35％（約3人に1人）を記録したが、2010

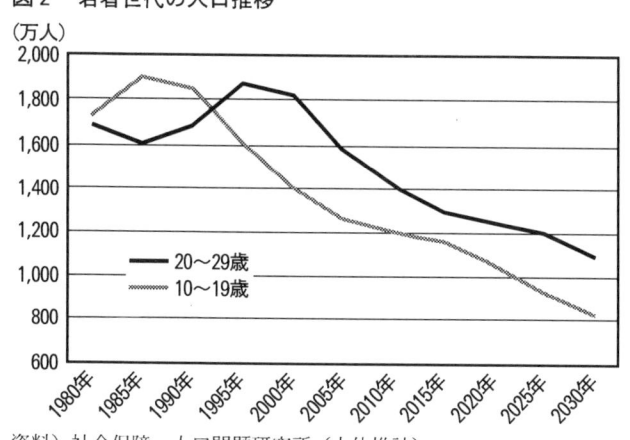

図2　若者世代の人口推移

資料）社会保障・人口問題研究所（中位推計）

（平成22）年には25.1%（約4人に1人）へと減少し、若者の数は、1970年に約3,600万人、2010年に約3,200万人だったものが、2060年にはその半分以下の約1,500万人になると推計されている（図2）。

2　高齢者のいる世帯・家族

1）高齢者世帯

「高齢社会白書」によって高齢者世帯の状況をみると、「高齢者世帯」（65歳以上の人のみで構成するか、またはこれに18歳未満の人が加わった世帯）は、平成24（2012）年現在、世帯数が2,093万世帯と、全世帯（4,817万世帯）の43.4%を占めている。65歳以上の高齢者のいる世帯についてみると世帯構造別の割合をみると「三世代」は減少傾向にあり、「親と未婚の子のみの世帯」と「夫婦のみの世帯」は増加傾向にある。「夫婦のみの世帯」と「単独世帯」を合わせると約半数以上となっている（図3）。

老後は子どもと同居するという日本的家族慣習は大きく変化し、単独世帯が増加傾向にあるが、欧米諸国と比較すると、高齢期の同居率は依然として高い。

2）子どもとの同居は減少

「高齢社会白書」によって65歳以上の高齢者について子どもとの同居率をみると、1980（昭和55）年にほぼ7割であったものが、1999（平成11）年に50%を割り、2012（平成24）年には42.3%となっており、子どもとの同居の割合は大幅に減少している。一人暮らしまたは夫婦のみの世帯については、ともに大幅に増加しており、1980（昭和55）年には合わせて3割弱であったものが、2004（平成16）年には過半数を超え、2012（平成24）年には53.6%まで増加している。

第10章　超高齢社会と福祉

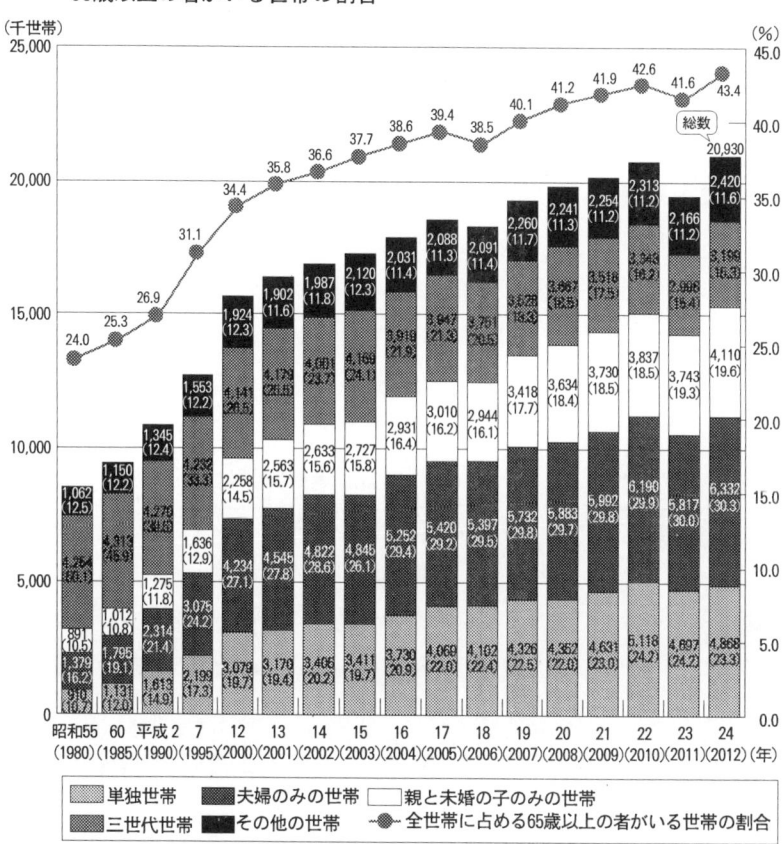

図3　65歳以上の者のいる世帯数及び構成割合（世帯構造別）と全世帯に占める65歳以上の者がいる世帯の割合

注1）平成7年の数値は兵庫県を除いたもの、平成23年の数値は岩手県、宮城県及び福島県を除いたもの、平成24年の数値は福島県を除いたものである。
2）（ ）内の数字は、65歳以上の者のいる世帯総数に占める割合（％）
3）四捨五入のため合計は必ずしも一致しない。
資料）昭和60年以前は厚生省「厚生行政基礎調査」、昭和61年以降は厚生労働省「国民生活基礎調査」

3）一人暮らし高齢者の増加

「高齢社会白書」によって高齢者の一人暮らしの状況をみると、65歳以上の一人暮らし高齢者の増加は男女ともに顕著であり、1980（昭和55）年には男性約19万人、女性約69万人、高齢者人口に占める割合は男性4.3％、

149

女性11.2%であったが、2010（平成22）年には男性約139万人、女性約341万人、高齢者人口に占める割合は男性11.1%、女性20.3%となっている。

一人暮らし高齢者は、3つのリスクを抱え生活することになる。第一に、貧困のリスクである。失業や病気などによって働けなくなれば、貧困に陥りやすい。結婚していれば配偶者が働くことでやりくりできるが、単身世帯ではそれが難しい。非正規労働に従事する単身男性は、経済的に不安定なために、結婚したくても難しいという事情が考えられる。さらに、女性は男性よりも非正規労働に従事する人の割合が高いが、未婚化の進展に伴って、「主たる稼ぎ主」として非正規労働に従事する未婚の単身女性が増えている。65歳以上になると、単身男性の38.3%、単身女性の52.3%が貧困に陥っている。

第二に、要介護のリスクがあげられる。単身世帯は同居家族がいないので、病気や要介護状態に陥った場合の対応が難しくなる。家族の役割は依然として大きいが、近年では、親の介護のために親と同居する未婚の成人子が増えている。いわゆる「シングル介護」である。シングル介護は、一人で負わざるを得ない介護負担の重さのみならず、仕事と介護の両立の難しさなどがある。

第三に、社会的孤立のリスクである。近年マスコミで、死亡後数日間気づかれずに放置された一人暮らしの高齢者がとりあげられているが、これは社会的孤立が顕在化した事例といえよう。

3　高齢者の健康

1）有訴率、日常生活動作

「国民生活基礎調査」（厚生労働省、2013年）によって高齢者の健康状態をみると、65歳以上の高齢者の健康状態についてみると、2013（平成25）年における有訴者率（人口1,000人当たりの「ここ数日、病気やけがなどで自覚症状のある者〈入院者を除く〉」の数）は466.1人で半数近くの人が何らか

の自覚症状を訴えている。性別でみると、男性は439.9人、女性は486.6人で女性が高くなっている。

一方、65歳以上の高齢者の日常生活に影響のある者の率（人口1,000人当たりの「現在、健康上の問題で、日常生活動作、外出、仕事、家事、学業、運動などに影響のある者」の数）は、平成22（2010）年において209.0人と、有訴者率と比べると半分以下になっている。これを年齢階級別、男女別にみると、年齢層が高いほど上昇し、また、70歳代後半以降の年齢層において女性が男性を上回っている。

この日常生活への影響を内容別にみると、高齢者では、「日常生活動作」（起床、衣服着脱、食事、入浴など）が人口1,000人当たり100.6人、「外出」が同90.5人と高くなっており、次いで「仕事・家事・学業」が同79.6人、「運動（スポーツを含む）」が同64.5人となっている。

健康状態に関する意識調査によると、年齢が高くなるにともなって健康状態が「よい」、「まあよい」とする割合が減少し、「よくない」、「あまりよくない」とする割合が高くなる。

2）高齢者の介護

「高齢社会白書」によって高齢者の介護の状況をみると、介護保険制度における要介護者、要支援者は、2001（平成13年）には262万人であったものが2012（平成24）年には561万人となっている。介護保険サービスを受給した65歳以上の被保険者は、2014（平成26）年で467万人、男性が28.9％、女性が71.1％となっている。

介護サービスの利用実態は、要介護1～3の人は居宅サービスの利用者が多いが、重度（要介護5）の人は施設サービスが約半数である。

介護が必要になった理由は、「脳血管疾患」が21.5％と最も多く、「認知症」15.3％、「高齢による衰弱」13.7％、「関節疾患」10.9％となっている。

要介護者などからみた介護者の続柄をみると、6割以上が同居している人が主な介護者となっている。その内訳は、配偶者、子、子の配偶者の順

となっており、性別では男性が約3割に対して女性が約7割、年齢では男性は64.8%、女性では60.9%が60歳以上である。いわゆる「老老介護」のケースが多いことがわかる。

3）認知症の増加

「認知症高齢者の現状」（厚生労働省、2010年）によって認知症高齢者の状況をみると、高齢化の進展とともに、認知症患者数も増加している。厚生労働省の推計では、65歳以上の高齢者の認知症有病率（2010（平成22）年の推定値）は15％、約439万人となっており、7人に1人程度が認知症有病者と言える。

なお、「正常」と「認知症」の中間状態の人（MCI・軽度認知障害）を加えると、4人に1人が認知症またはその予備軍ということになる（MCIが必ず認知症になるわけではない）（図4）。

認知症は高齢になるほど発症する可能性が高まり、今後も認知症の人は増え続けると言われている。

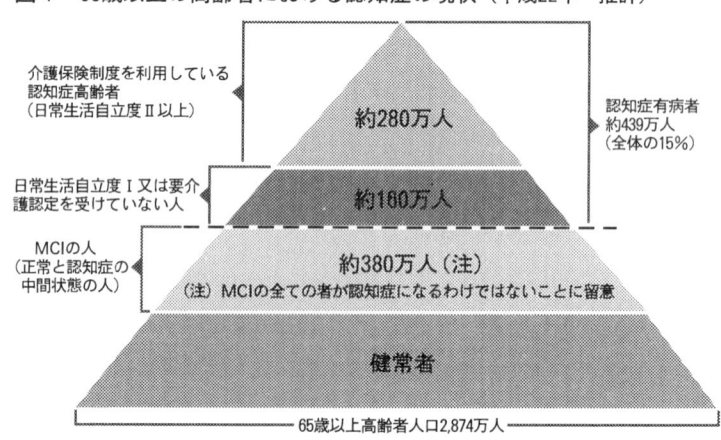

図4　65歳以上の高齢者における認知症の現状（平成22年・推計）

資料）厚生労働省「認知症高齢者の現状」平成22年。

4 高齢者の経済生活

1）高齢者の年間所得

「高齢社会白書」によれば、高齢者世帯（65歳以上の人のみで構成するか、またはこれに18歳未満の未婚の人が加わった世帯）の年間所得（2011（平成23）年の平均所得）は303.6万円となっており、全世帯平均（548.2万円）の半分強であるが、世帯人員一人当たりでみると、高齢者世帯の平均世帯人員が少ないことから、195.1万円となり、全世帯平均（208.3万円）との間に大きな差はみられなくなる。

高齢者世帯の所得を種類別にみると、「公的年金・恩給」が209.8万円（総所得の69.1％）で最も多く、次いで「稼働所得」59.2万円（同19.5％）となっている。

60歳以上の高齢者の暮らし向きについてみると、「心配ない」（「まったく心配ない」と「それほど心配ない」の計）と感じている人の割合は全体で71.0％であり、年齢階級別にみると、「80歳以上」は8割と高い割合となっている。

資産を二人以上の世帯についてみてみると、世帯主の年齢階級別の家計の貯蓄・負債の全般的状況は、世帯主の年齢階級が高くなるにつれて、1世帯当たりの純貯蓄はおおむね増加し、世帯主が60〜69歳の世帯及び70歳以上の世帯では他の年齢階級に比べて大きな純貯蓄を有していることが分かる。年齢階級が高くなるほど、貯蓄額と持家率がおおむね増加する一方、世帯主が40〜49歳の世帯をピークに負債額は減少していく。

平成25年の高齢者の就業率は、男性が28.6％、女性が13.7％となっており、このうち、65〜69歳の就業率は、男性が48.8％、女性が29.3％といずれも前年より高くなっている。

主要国における高齢者の就業率は、日本における高齢者の就業率は20.1％と、主要国で最も高い水準にある。

2）消費

「家計調査」（総務省・2014年）によって65歳以上の世帯主世帯のうち、2人以上世帯の消費の状況をみると、その大半を占める無職世帯（以下「高齢無職世帯」という）について、消費支出の内訳をみると、「食糧費」と「その他の消費支出」の割合が最も高くなっている。「その他の消費支出」の内訳には、交際費や贈与が含まれている。

3）貯蓄

消費と同様に「家計調査」によって65歳以上の1世帯当たり平均貯蓄額をみると、世帯主が「60～69歳」が1,399万円で最も高く、次いで「70歳以上」が1,312万円となっている。

65歳以上の1世帯当たりの平均貯蓄額は1,339万円で、全世帯の平均貯蓄額1,047万円よりも高くなっている。

高齢者世帯の貯蓄は格差が大きく、100万円未満（7.2％）から3,000万円以上（11.6％）まで幅があり、3,000万円以上の世帯が平均額を上昇させていることがわかる。

2016（平成25）年の貯蓄現在高をみると、前年と比べて「貯蓄が減った」は、「総数」では41.3％であるが、「65歳以上」では43.9％と高くなっている。貯蓄が減った理由をみると、「日常の生活費への支出」は、「総数」では71.5％であるが、「65歳以上」では73.2％と高くなっている。

4）貧困

「貧困」は国・地域、機関によってさまざまな定義があるが、大きく「絶対的貧困」と「相対的貧困」の2つの概念がある。相対的貧困（Relative Poverty）とは、生活水準が他と比べて低い層または個人をいい、絶対的貧困（Absolute Poverty）とは、生活水準が絶対的な意味で低い層または個人をいう。

言い換えると、国・地域の生活レベルとは無関係に人間が生きるのに必

要な最低限の衣食住を満たす生活水準以下の層・個人を貧困と呼ぶのが「絶対的貧困」、ある国・地域の中で平均的な生活レベル（獲得収入）よりも著しく低い層・個人を貧困と呼ぶのが「相対的貧困」の概念といえる。

「国民生活基礎調査」（厚生労働省、2014年）によれば、2013（平成25）年の相対的貧困率を年齢別、性別に見ると、男性においては20～24歳の貧困率が特に高く、25～29歳以降は10～13％で移行し、60～64歳から徐々に増加するものの、80歳以上でも17％台に留まっている。女性では同じく20～24歳で1つ目のピークを迎えるが、その後、50～59歳から急激に貧困率が増加し、70歳以上では20％を超える数値が続き、中年期でも、女性の貧困率は男性よりも高く、35～39歳からは常に女性の方が男性よりも高い貧困率となっている（図5）。

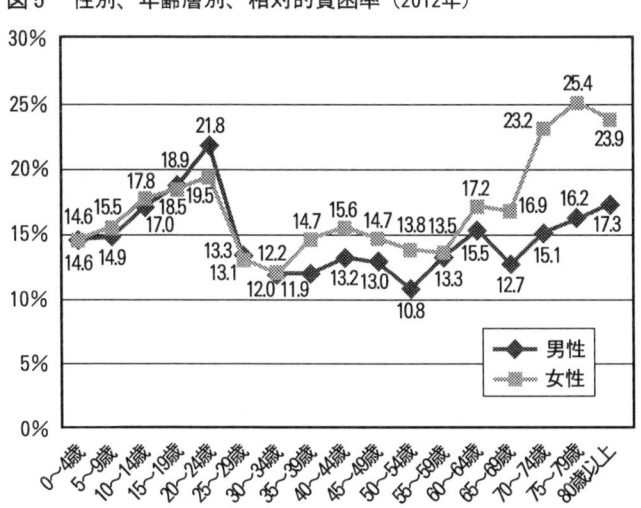

図5　性別、年齢層別、相対的貧困率（2012年）

資料）厚生労働省「国民生活基礎調査」平成19年（2007）、22年（2010）、25年（2013）。

5 高齢者の生活課題

1）年金保険制度

　高齢者の経済的問題を支えるのが年金制度である。年金制度は、第二次大戦前から公務員の恩給や公共事業などの従事者の共済年金、企業職員の老齢保障年金などがあったが、国民皆年金保険として制度ができたのは、1959（昭和34）年である。それによって公務員などは共済年金、企業職員などは厚生年金、自営業などは国民年金が国の管理責任で保険料徴収・運営と給付が行われるようになった。公的年金制度といわれているものである。

　年金制度は、図6のように、国民全体をカバーする国民年金（基礎年金）を1階部分とし、第1号被保険者、第2号被保険者、第3号被保険者とそれぞれに応じて、厚生年金や共済年金など2階部分がのる形となっている。

　日本の年金制度は、「積立方式」ではなく、「賦課方式」を採用している。これは現役世代が年金受給者の年金を負担するものである。

図6　公的年金制度の仕組み

◆公的年金制度は、加齢などによる稼得能力の減退・喪失に備えるための社会保険。（防貧機能）
◆現役世代は全て国民年金の被保険者となり、基礎年金の給付を受ける。（1階部分）
◆会社員や公務員は、これに加え、厚生年金や共済年金に加入し、基礎年金の上乗せとして所得比例年金の給付を受ける。（2階部分）

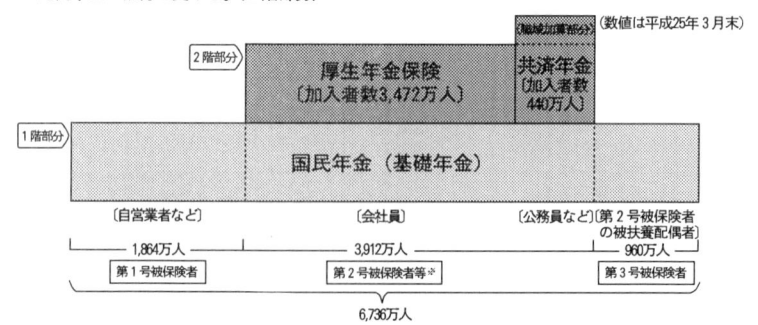

	自営業者など	会社員	公務員など	第2号被保険者の被扶養配偶者
2階部分		厚生年金保険（加入者数3,472万人）	共済年金（加入者数440万人）	
1階部分	国民年金（基礎年金）			
	1,864万人	3,912万人		960万人
	第1号被保険者	第2号被保険者等		第3号被保険者

合計6,736万人　（数値は平成25年3月末）

資料）第2号被保険者等とは、被用者年金被保険者のことをいう（第2号被保険者のほか、65歳以上で老齢、または、退職を支給事由とする年金給付の受給権を有するものを含む）。

1973（昭和48）年に公的年金制度の給付に物価スライド制が導入され、1985（昭和60）年には「国民基礎年金制度」を実施し、原則20〜59歳の全国民が保険料を負担することになった。

現在、わが国の公的年金保険制度には、全国民が加入して保険料を納入して基礎的給付を行う「国民基礎年金」と、現役時代に収入に応じて保険料を納入した人々が国民基礎年金に報酬比例分の給付を上乗せして給付される「厚生年金」や「共済年金」がある。

2）医療保険制度

高齢者の経済問題に直結するのが医療費の問題である。1958年に国民皆保険制度が制定・実施された「国民健康保険制度」（医療保険制度）によって医療サービスが実施されている。医療保険制度も年金保険制度と同様に負担と給付の考え方からつくられている。保険の種類も、①企業の雇用者を対象にした健康保険、②公務員や私立学校の教員を対象にした共済保険、③自営業や無職者を対象にした国民健康保険などに分かれている。これらの保険と重複して、④高齢者および重度の要介護高齢者を対象に保健医療サービスを提供する「老人保健」がある。高齢者の医療と保健を提供する「老人保健制度」は、市町村が運営する。

老人医療費は、1973年に70歳以上を無料化して以降、その費用が増大の一途をたどり保険財政を圧迫した。2008年度から老人保健制度は高齢者医療制度へ改正され、65歳から74歳までの高齢者を対象とする前期高齢者医療制度（市町村が運営）と、75歳以上および65歳以上で一定の障害のある高齢者を対象とする後期高齢者医療制度になった。

3）介護保険制度

介護保険制度は、高齢化の進展に伴い要介護高齢者の増加、介護期間の長期化など介護ニーズの増大、核家族化の進行や介護する家族の高齢化など要介護高齢者を支えてきた家族をめぐる状況の変化などから、高齢者の

図7　介護保険制度の仕組み

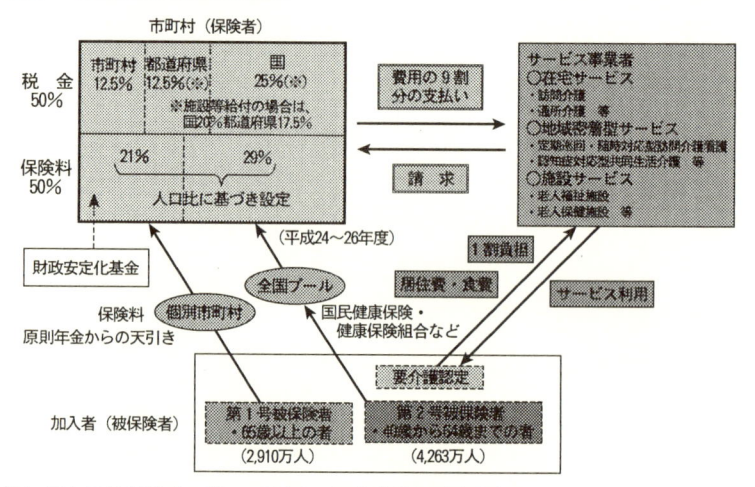

注）第1号被保険者の数は、「平成22年度介護保険事業状況報告年報」によるものであり、平成22年度末現在の数（福島県の5町1村を除く）である。第2号被保険者の数は、社会保険診療報酬支払基金が介護給付費納付金額を確定するための医療保険者からの報告によるものであり、平成22年度内の月平均値である。
資料）厚生労働省「介護保険制度の仕組み」。
http://www.mhlw.go.jp/topicks/kaigo/zaisei/sikumi/_02.html

　介護を社会全体で支える仕組みとして、1987年に制定され、介護保険制度は2000年4月から実施された制度である（図7）。
　介護保険の保険者は市区町村で、被保険者は65歳以上の第1号被保険者と40～64歳までの第2号被保険者に分けられる。市区町村は、自らの行政内の被保険者の数とサービス利用状況を勘案し保険料を決め、被保険者から保険料を徴収し、サービスの利用に応じて費用を負担する。
　費用の負担は、被保険者からの保険料が半分、税金（国25％、県・市区町村が各12.5％）で半分となる。第1号被保険者はどんな理由でも介護が必要となればサービスを受けることができるが、第2号被保険者は特定の疾病に該当し介護が必要となった場合に制度を利用してサービスを受けることができる。
　介護保険の申請から認定までは市区町村の仕事になる。介護保険のサー

ビスを利用しようとするときは、市区町村の窓口に申請する。市区町村の窓口に行って、介護保険被保険者証と申請書を提出する。

申請は、家族・親族、ケアマネジャー、介護保険事業者などで代行もしてもらえる。申請すると、どの程度介護が必要な状態かを表す要介護認定の手続きに入る。まず、訪問調査員が自宅や入居中の施設などに訪問し、チェック表にもとづき本人の状況や暮らしぶり、医療の状況などを記録していく。

市区町村では、調査結果によるコンピュータ判定と調査員の意見書、かかりつけ医の意見書をもとに介護認定審査会が審査と判定を行い、「非該当（自立）」「要支援1、2」「要介護1～5」に区分され、この区分により、1ヵ月あたりの保険を適用して利用できるサービスの限度額が確定する。

介護認定の結果を受けて、どのような介護サービスをいつ、どの程度利用するかの計画を立てることになる。これがケアプラン（介護サービスの利用計画）である。

6　高齢者福祉の理念

老人福祉法第2条は、「老人は、多年にわたり社会の進展に寄与してきた者として、かつ、豊富な知識と経験を有する者として敬愛されるとともに、生きがいを持てる健全で安らかな生活を保障されるものとする。」と理念が謳われ、第3条では、「老人は、老齢に伴って生ずる心身の変化を自覚して、常に心身の健康を保持し、又は、その知識と経験を活用して、社会的活動に参加するように努めるものとする。」「老人は、その希望と能力とに応じ、適当な仕事に従事する機会その他社会的活動に参加する機会を与えられるものとする。」と述べられている。

老人福祉法の理念にかかわらず、高齢者虐待は後を絶たない。厚生労働省の「高齢者虐待調査結果」（平成25年度）によれば、平成25年度の虐待

件数は15,952件。内訳は、介護事業所職員による虐待が221件、家族による虐待が15,731件であった。施設で虐待された高齢者は女性が7割、年齢は80歳代が5割以上を占めている。一方で家族による虐待は息子（41％）が最も多く、夫（19％）、娘（16％）、息子の嫁（6％）となっている。

　平成17（2005）年「高齢者に対する虐待の防止、高齢者の養護者に対する支援等に関する法律」（以下、「高齢者虐待防止法」）が成立し、平成18（2006）年に施行された。

　この法律では、「高齢者」とは65歳以上の者と定義されており、高齢者虐待を①養護者による高齢者虐待、及び②養介護施設従事者などによる高齢者虐待に分けて次のように定義している。

　養護者による高齢者虐待とは、養護者が養護する高齢者に対して行う行為として、

①身体的虐待：高齢者の身体に外傷が生じ、又は生じるおそれのある暴力を加えること。

②介護・世話の放棄・放任（ネグレクト）：高齢者を衰弱させるような著しい減食、長時間の放置、養護者以外の同居人による虐待行為の放置など、養護を著しく怠ること。

③心理的虐待：高齢者に対する著しい暴言又は著しく拒絶的な対応その他の高齢者に著しい心理的外傷を与える言動を行うこと。

④性的虐待：高齢者にわいせつな行為をすること又は高齢者をしてわいせつな行為をさせること

⑤経済的虐待：養護者又は高齢者の親族が当該高齢者の財産を不当に処分することその他当該高齢者から不当に財産上の利益を得ること。

の5種類に分類されている。高齢者が尊厳を保ち、社会の中で生活していくためには、高齢者一人ひとりに直接届くような形で、個別具体的な支援メニューと、支援のメニューをつなぐシステムづくりが求められる。

参考文献

日本介護福祉学会事典編纂委員会編『介護福祉学辞典』ミネルヴァ書房、2014年。
厚生労働省『認知症高齢者の現状』、2010年。
厚生労働省『国民生活基礎調査』2014年版。
広井良典『日本の社会保障』岩波書店、1999年。
内閣府『高齢社会白書』2014年版。
みずほ総合研究所『図解　年金のしくみ』(第6版) 東洋経済新報社、2015年。
総務省『家計調査』、2014年。

第11章　ソーシャルサービスと高齢者の福祉サービス

> Key Words　　ソーシャルサービス　社会保障　公的扶助
> 　　　　　　　介護予防サービス　ケアマネジメント

1　ソーシャルサービスの概要と類型

　ソーシャルサービス（Social Service）とは、主にイギリスで用いられている概念である。社会保障、医療、公衆衛生、教育、住宅などの生活関連の公共施策全般を含むものと理解されている。

　社会保障制度は、病気や失業などにより、生活の安定を損なう事由に対して、生活の安定を図る制度であり、家族形態の主流となった核家族の増加による家族構造の変化は、生涯自立生活の基礎となるものである。生涯の生活の安定化は、それぞれの生活周期に応じた独自の生活目標に挑みながら日常生活を送ることが可能となる。

　社会保障の体系は、狭義の社会保障として、社会保険、公的扶助、社会福祉、公衆衛生および医療であり、広義の社会保障は、恩給、戦争犠牲者援護が含められる。

　社会保険は、医療保険、年金保険、労災保険、雇用保険、介護保険に分類されるもので、生活上の困難をもたらす一定の事由（保険事故）に対して、あらかじめ保険料を納付することで、保険事故が生じた際に保険者が定められた給付を行う仕組みである。社会保険は、強制加入であることが特徴である。

　所得保障に関しては、社会保険に加えて、社会扶助に分類される公的扶助、社会手当により構成されており、貧困からの解放、疾病や障害、失業

などに至るまで幅広く保障する。医療保障は、健康で文化的な最低限度の生活を営むために、医療保険を中心として、医療サービスを提供している。公衆衛生および医療については、医療保障の基盤整備としての役割を有しており、生活環境要因によるリスク発生を予防するなどの予防医療を担っている。これにより、いかなる家族形態であれ、基本的な健康と経済の自立を保障する安心の制度となり、日本の社会保障制度の基盤となったのが、1961（昭和36）年である。

社会福祉については、所得保障や医療保障のみでは対応できない人々の生活問題について対応する仕組みであり、それに依拠して対人援助サービスを行う。児童福祉、障害児・者福祉、高齢者福祉、地域福祉などによって構成される。

例えば、高齢者福祉サービスとしての介護保険サービスと介護保険外サービスの高齢者サービスは極めて分かりやすい。

社会保険は社会保障における中核的な制度であり、原則として、①国家管理であること、②国庫負担があること、③強制加入であることなどの要件が必要となる。

また、基本的経済生活を支える公的扶助は、何らかの理由で社会保険料が負担できない場合や社会保険においても生活リスクを回避できない場合に用いられる仕組みである。公的扶助は、他法他施策を優先しており、その他あらゆる制度施策や家族の支援をもってしても貧困状態から脱却できない場合に、「最後の安全網」として使用するものである。公的扶助は、生活扶助、住宅扶助、教育扶助、介護扶助、医療扶助、生業扶助、葬祭扶助に分類される。

社会手当は、社会保険では保障できず、資力が最低生活を下回っていない場合に、一定の給付を行うものである。保険料拠出を求めることもなく、資力調査も要さない、貧困を予防するための給付である。実際には、所得制限が課せられるため、社会手当は社会保険と公的扶助の中間にある仕組みで、社会保険を補完する性格を有している。

2 生活福祉サービスの概要

生活福祉サービスとして高齢者の利用できるサービスは、介護保険制度におけるサービス（介護保険サービス）と介護保険外のサービスがある。

1）介護保険サービスの負担と需給による家族支援サービス

介護保険制度における保険給付は、要介護者に対する介護給付、要支援者に対する予防給付及び市町村が条例で定める市町村特別給付の3種類で構成される。介護給付は被保険者の要介護状態に関する保険給付、予防給付は被保険者の要支援状態に関する保険給付、市町村特別給付は介護給付及び予防給付のほか、要介護状態または要支援状態の軽減または悪化の防止に資する保険給付として条例で定めるものである。これらの給付を支えるのは、40歳からの介護保険料の負担と65歳以上で介護保険を利用する人の1～2割負担および税負担による。

介護給付及び予防給付は、いくつかの保険給付に細分化されている。介護給付では、①居宅サービス、②地域密着型サービス、③居宅介護支援、④施設サービスなどに分かれ、予防給付では、①介護予防サービス、②地域密着型介護予防サービス、③介護予防支援などに分かれている（予防給付に施設サービスは含まれない）。居宅サービスとは、要介護と認定された場合に受けることができるサービスである。具体的には、訪問介護、訪問入浴介護、訪問看護、訪問リハビリテーション、居宅療養管理指導、通所介護（デイサービス）、通所リハビリテーション（デイケア）、短期入所生活介護（ショートステイ）、短期入所療養介護（ショートステイ）、特定施設入居者生活介護、福祉用具貸与、特定福祉用具販売、居宅介護住宅改修費の13種類と多岐にわたる。

地域密着型サービスは、今後増加が予測される認知症高齢者などへの支援を行うことを目的として、できる限り住み慣れた地域での生活が継続で

きるように2006（平成18）年度から制度化されたものである。居宅介護支援とは、自宅での介護を必要とされる方が、自宅で適切にサービスを利用できるように、ケアマネジャー（介護支援専門員）が本人の状況や生活環境を考慮して、本人・家族の希望などに沿ってケアプランを作成、関係機関との連絡・調整などを行う支援である。施設サービスは、介護保険施設として介護老人福祉施設（特別養護老人ホーム）、介護老人保健施設、介護療養型医療施設の3種類での支援を行うものである。

　介護予防サービスは、要介護認定を受け、要支援1～2と認定された人に対して介護予防を行うものである。

　このように多様な介護サービスは、高齢者本人が住み慣れた居住形態の中で必要な介護や介護予防サービスを受けることができ、家族介護の負担軽減にも資する社会保険制度である。

2）介護保険サービスと家族支援の内容
①家族と本人支援のための居宅サービスの種類
　（ア）居宅への訪問介護
　高齢者の居宅を訪問して、日常生活に必要な身体介護や家事援助、生活相談・助言などを行うのが、訪問介護である。さらには、通院などを含む支援も可能なサービスでもある。訪問介護の対象外サービスではあるが、利用者の家族のための家事や来客対応などのように、直接利用者の援助に該当しないサービスや日常生活の援助の範囲を超えるサービス（草むしり、ペットの世話、大掃除など）も提供されている。

　（イ）家族と本人支援のための訪問入浴介護
　居宅での入浴が困難な高齢者に対しては、看護職員と介護職員が介護保険利用者の居宅を訪問して、持参した浴槽による入浴の介護を行う。これにより同居家族の入浴介助の大幅な軽減になる。

　（ウ）家族と本人支援のための訪問看護
　医療機関や訪問看護ステーションの看護師などが、利用者の居宅を訪問

して、主治医の指示に基づいて看護サービスを行う（例：血圧、脈拍、体温測定、在宅酸素やカテーテル管理、褥瘡の処置など）。

（エ）家族と本人支援のための訪問リハビリテーション

医療機関や介護老人保健施設の理学療法士または作業療法士などが、利用者の居宅を訪問し、心身機能の維持回復や日常生活の自立に向けたリハビリテーションを行う。

（オ）家族と本人支援のための居宅療養管理指導

医療機関または薬局の医師、歯科医師、薬剤師などが居宅を訪問し、療養上の管理や指導を行う。

（カ）家族と本人支援のための通所介護（デイサービス）

デイサービスセンターなどに居宅から通所して必要な身体介護、生活相談・助言及び食事の提供、機能訓練などを行う。

（キ）家族と本人支援のための通所リハビリテーション（デイケア）

介護老人保健施設、医療機関などに通い、心身機能の維持回復を図り、日常生活の自立を助けるために必要なリハビリテーションを行う。

（ク）家族と本人支援のための短期入所生活介護（ショートステイ）

老人福祉施設や小規模多機能施設では、必要に応じて短期間入所し、その施設において介護その他の日常生活上の世話や機能訓練などを行う。

（ケ）家族と本人支援のための短期入所療養介護（ショートステイ）

要介護高齢者が、介護老人保健施設、介護療養型医療施設に短期間入所し、看護、医学的管理の下における介護及び機能訓練その他必要な医療や日常生活上の世話を行う。

（コ）その他

福祉用具貸与や販売、住宅改修などもあり、在宅生活を円滑に送ることができるようにする。

このように、従来、家族が担ってきた多様な介護・看護を家族に代わって提供する介護保険制度は、高齢者・家族双方にとって、生活の質を確保する上での重要な要素である。

②施設サービス

介護保険による施設サービスは、介護福祉施設、介護保健施設及び介護療養型医療施設の3施設による介護サービスである。

（ア）介護福祉施設

介護老人福祉施設（特別養護老人ホーム）に入所する要介護者に、施設サービス計画に基づいて行われる入浴、排せつ、食事などの介護その他の日常生活上の世話、機能訓練、健康管理及び療養上の世話を行う、常に介護が必要で、自宅での介護ができない人のための施設である。

（イ）介護保健施設

介護老人保健施設に入所する要介護者に、施設サービス計画に基づいて行われる看護、医学的管理の下における介護及び機能訓練その他必要な医療ならびに日常生活上の世話を行う施設である。主に、リハビリテーションに重点を置いており、かつて入所期間は概ね3ヵ月とされていたが、介護保険制度の導入により、長期間の介護滞在が可能となった施設である。

（ウ）介護療養型医療施設

症状が慢性化し、不安定な状態にあるために、カテーテルを装着するなど、常時医療的ケアが必要な要介護者を対象として、療養上の管理、看護、医学的管理の下における介護その他の世話及び機能訓練その他必要な医療を行う。介護保険制度の発足とともに、それまでの社会的入院を解消し、施設での長期間の介護を受けることが可能となる施設として設置された。

③介護支援のためのケアマネジメント

要介護者などが居宅サービス、施設における適切な介護サービスを受けるために、要介護者の心身の状況や置かれている環境、要介護者など及びその家族の希望などを勘案して、サービス計画（サービスの種類、内容など）を作成することがケアマネジメントである。さらに、その居宅サービス計画に基づくサービス提供が十分に確保されるように、サービス提供事業者

などとの連絡調整を行い、介護保険施設への紹介などを行う。

④地域密着型サービス

　保険者である市町村が地域の実情に合わせて事業所を指定・監督している。対象者は、事業所が所在する市町村に居住する介護を必要とする人である。具体的には、小規模多機能型居宅介護、夜間対応型訪問介護、認知症対応型通所介護、認知症対応型共同生活介護（グループホーム）、地域密着型特定施設入居者生活介護、地域密着型介護老人福祉施設入所者生活介護、定期巡回・随時対応型訪問介護看護、複合型サービスの8種類である。家族介護の負担軽減と通所サービス中の突発的な状態の変化への対応や、ショートステイも可能であり、家族が介護を十分にできない事態にも柔軟に対応ができ、家族介護の大きな味方でもある。

　（ア）定員は25名で、通所サービスを中心とした宿泊や訪問サービスを組み合わせで、可能な限り地域生活が送れるように支援する「小規模多機能型居宅介護」、（イ）夜間の定期的な巡回訪問や通報により、利用者の自宅を訪問して緊急対応を行う「夜間対応型訪問介護」、（ウ）認知症要介護者などを対象に、老人福祉施設やグループホームなどで、介護、生活などに関する相談・助言、健康状態の確認、機能訓練などを行う「認知症対応型通所介護」、（エ）認知症要介護者に対する家庭的な環境と地域住民との交流を目的とした介護、相談・助言などを行う「認知症対応型共同生活介護（グループホーム）」、（オ）小規模型（30人未満）の施設で、介護、生活相談・助言などを行う「地域密着型特定施設入居者生活介護」および「地域密着型介護老人福祉施設入所者生活介護」、（カ）医療ニーズを含む在宅生活を支えるために、日中・夜間を通した介護と看護が連携した短時間の訪問サービスを行う「定期巡回・随時対応型訪問介護看護」、（キ）小規模多機能型居宅介護と訪問看護などの多様なニーズに対応するために複数の既存のサービスを組み合わせたサービスを行う「複合型サービス」があり、このサービスを受けるためにも（ク）介護サービス計画（ケアマネジメン

ト）が必要となる。

⑤予防給付

　予防給付についても、介護予防サービス計画を作成することになっている。要支援者に対する介護予防支援は、市町村が設置する地域包括支援センターが行う。予防給付は細分化されており、介護予防サービス、介護予防住宅改修費、介護予防支援、地域密着型介護予防サービスであるが、給付は介護給付に準じている。ただし、予防給付には施設給付がなく、認知症対応型共同生活介護も含まれない。

⑥市町村特別給付

　市町村特別給付は、要介護者または要支援者に対して、市町村が条例で定めて行う市町村独自の保険給付である。要介護者に対して行う介護保険制度上の保険給付であり、要介護状態の軽減もしくは悪化の防止となり、要介護状態にならないように予防するための保険給付である必要がある。

3）介護保険以外のサービス

　公的な介護保険で利用できるサービス以外に、市区町村が実施している高齢者向けの福祉・生活支援サービスがある。概ね公的な介護保険サービスと組み合わせることによって、介護の質の向上が期待できる。料金は無料または利用者の一部自己負担が生じる場合もある。対象者は、介護保険で認定されない人も利用できることもある。具体的には、（ア）緊急通報システム、（イ）紙おむつ給付、購入費助成、（ウ）日常生活用具の給付、（エ）寝具洗濯乾燥消毒サービス、（オ）移送サービス、（カ）住宅改造助成などである。

第11章　ソーシャルサービスと高齢者の福祉サービス

参考文献

福田素生著者代表『系統看護学講座　専門基礎分野　健康支援と社会保障制度[3] 社会保障・社会福祉』株式会社医学書院、2014年。

福岡市の介護保険制度「おもな保険外サービス」(http://kaigo.city.fukuoka.lg.jp/shim in/gaiyo/06_03.html，アクセス日：2014年12月10日）

鬼﨑信好編著『コメディカルのための社会福祉概論　第2版』講談社、2014年。

厚生労働省監修『厚生労働白書』ぎょうせい、各年版。

厚生労働省ホームページ。

『社会保障の手引（平成26年度版）　施策の概要と基礎資料』中央法規、2014年。

田畑洋一・岩崎房子・大山朝子・山下利恵子編著『第2版　新社会福祉・社会保障』学文社、2013年。

資 料 編

資料編

図1　人口ピラミッド（2015年10月1日現在）

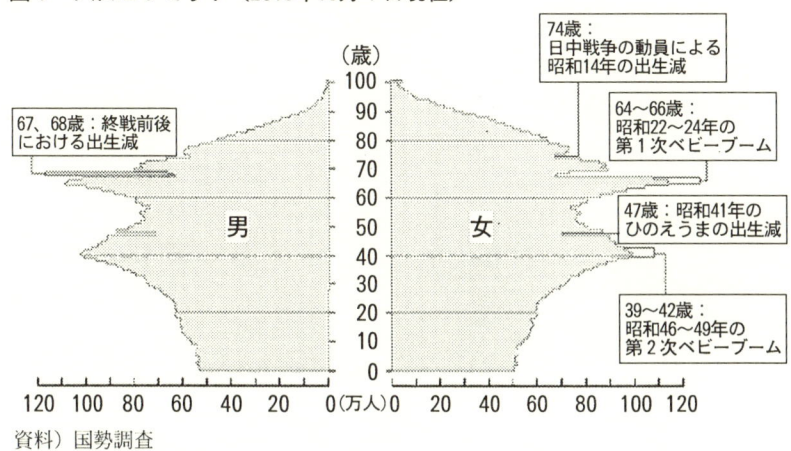

- 67、68歳：終戦前後における出生減
- 74歳：日中戦争の動員による昭和14年の出生減
- 64～66歳：昭和22～24年の第1次ベビーブーム
- 47歳：昭和41年のひのえうまの出生減
- 39～42歳：昭和46～49年の第2次ベビーブーム

資料）国勢調査

図2　日本の人口ピラミッドの変遷（1950年、2000年、2050年）

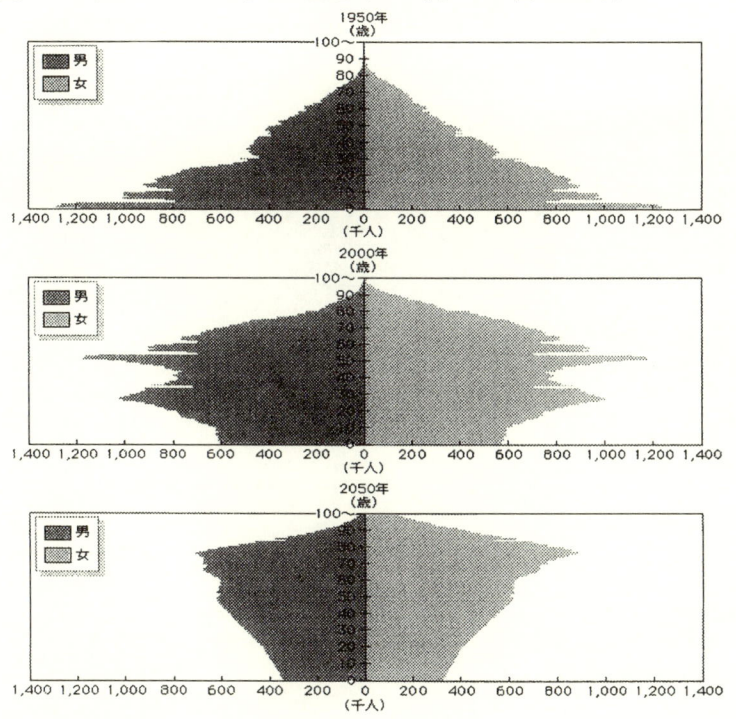

注）国立社会保障・人口問題研究所ホームページ

図3　日本の人口の推移

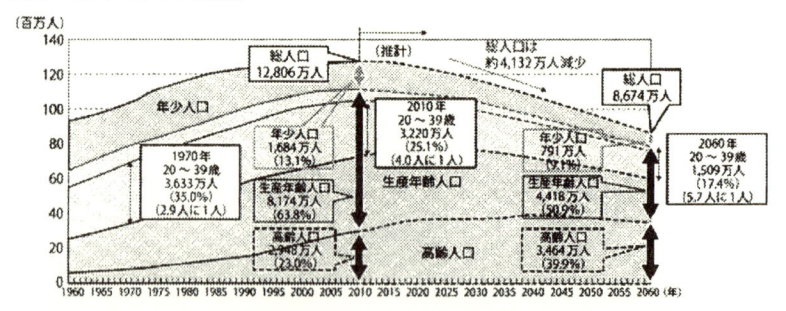

注1）「年少人口」は0～14歳の者の人口、「生産年齢人口」は15～64歳の者の人口、「高齢人口」は65歳以上の者の人口。
　2）（　）内は年少人口、生産年齢人口、高齢人口がそれぞれ総人口のうち占める割合。
資料）総務省「国勢調査」（年齢不詳をあん分して含めた人口）」、同「人口推計」、国立社会保障・人口問題研究所「日本の将来推計人口」（2012年1月推計）の中位推計より国土交通省作成。

図4　日本の人口の長期的な推移

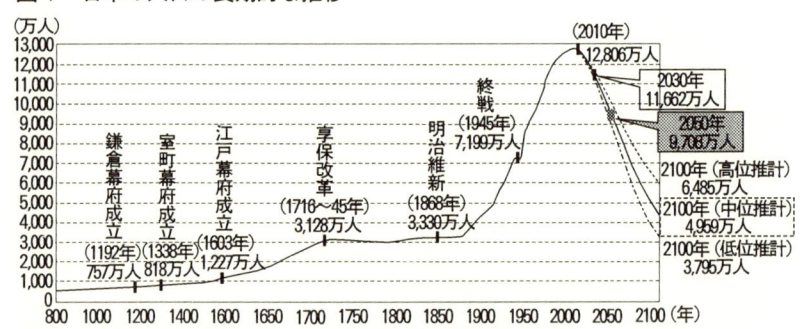

資料）2010年以前は総務省「国勢調査」、同「平成22年国勢調査人口等基本集計」、国土庁「日本列島における人口分布の長期時系列分析」（1974年）、2015年以降は国立社会保障・人口問題研究所「日本の将来推計人口（2012年1月推計）」より国土交通省作成。

資料編

図5　出生数及び合計特殊出生率の推移

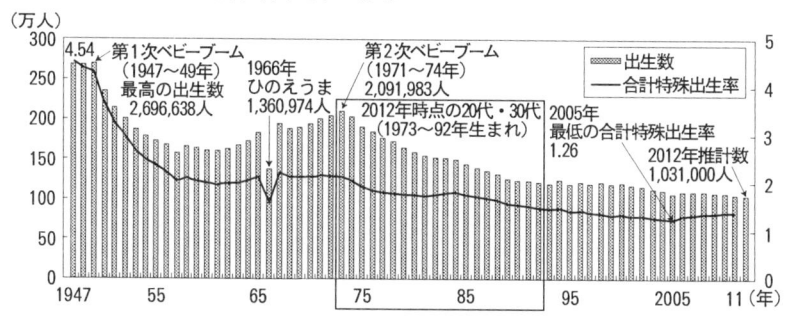

（万人）
- 4.54
- 第1次ベビーブーム（1947～49年）最高の出生数 2,696,638人
- 1966年 ひのえうま 1,360,974人
- 第2次ベビーブーム（1971～74年）2,091,983人
- 2012年時点の20代・30代（1973～92年生まれ）
- 2005年 最低の合計特殊出生率 1.26
- 2012年推計数 1,031,000人

凡例：出生数、合計特殊出生率

注）1972年以前は沖縄県を含まない。2011年までは確定数、2012年は推計数である。
資料）厚生労働省「人口動態推計」（2012年）より国土交通省作成。

図6　出生数及び死亡数の将来推計

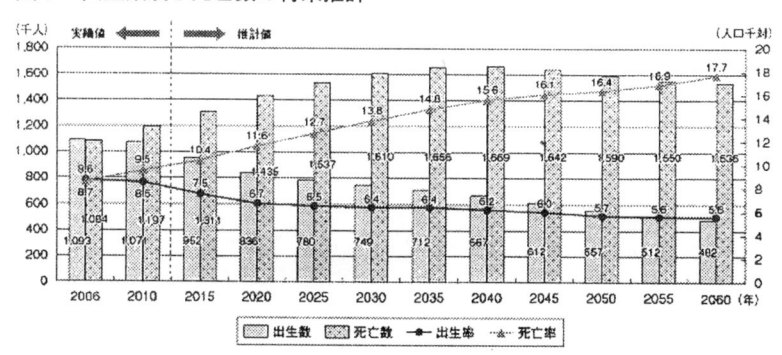

（千人／人口千対）

死亡率：10.4, 11.6, 12.7, 13.8, 14.8, 15.6, 16.1, 16.4, 16.9, 17.7
出生率：8.7, 8.5, 7.5, 6.7, 6.5, 6.4, 6.4, 6.2, 6.0, 5.7, 5.6, 5.5

出生数：1,093, 1,071, 962, 836, 780, 749, 712, 667, 612, 557, 512, 482
死亡数：1,084, 1,197, 1,311, 1,435, 1,537, 1,610, 1,656, 1,669, 1,642, 1,590, 1,550, 1,535

（2006, 2010, 2015, 2020, 2025, 2030, 2035, 2040, 2045, 2050, 2055, 2060年）

凡例：出生数、死亡数、出生率、死亡率

資料）2006年、2010年は人口動態統計による出生数及び死亡数（いずれも日本人）。2015年以降は「日本の将来推計人口（平成24年1月推計）」の出生中位・死亡中位仮定による推計結果（日本における外国人も含む）。

図7　平均寿命の推移と将来推計

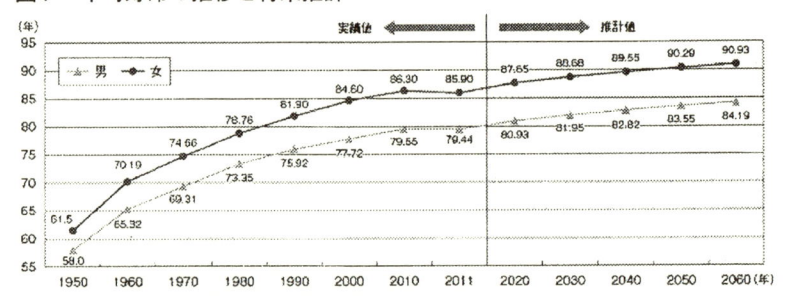

注）1979年以前は沖縄県を除く値である。0歳の平均余命が「平均寿命」である。
資料）1950年及び2011年は厚生労働省「簡易生命表」、1960年から2010年までは厚生労働省「完全生命表」、2020年以降は、国立社会保障・人口問題研究所「日本の将来推計人口（平成24年1月推計）」の出生中位・死亡中位仮定による推計結果。

図8　各国の若者人口比率の推移

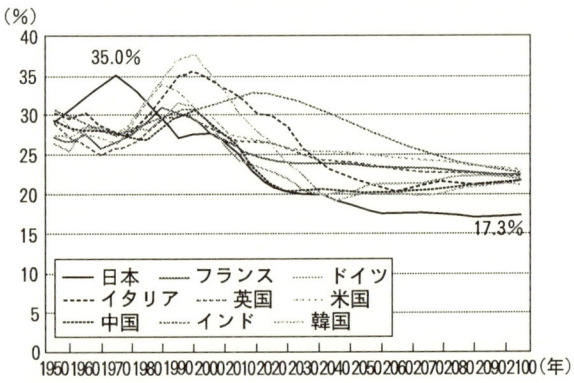

資料）各国に関しては、United Nations「World Population Prostects : The 2010 Revision」のうち中位推計、日本に関しては、2010年以前は総務省「国勢調査」、2015年以降は国立社会保障・人口問題研究所「日本の将来推計人口（2012年1月推計）」の中位推計より国土交通省作成。

資料編

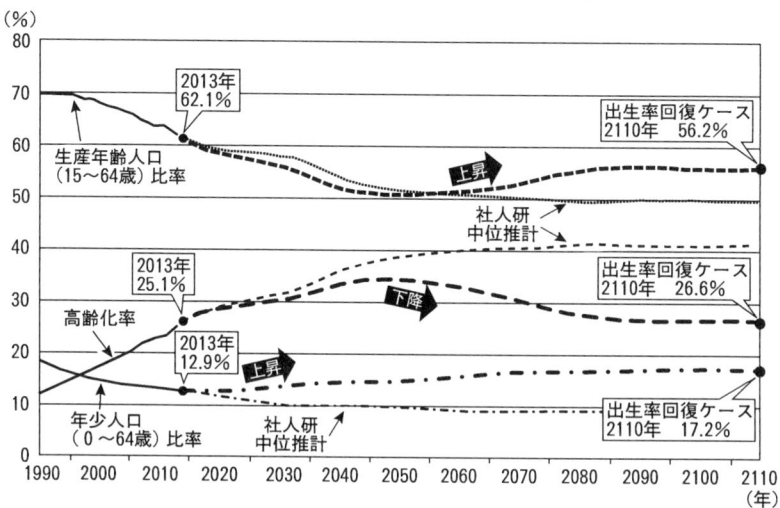

図9　年少人口比率・生産年齢人口比率・高齢化比率の将来推計

注1）1990年から2013年までの実績は、総務省「国勢調査報告」「人口推計年報」、厚生労働省「人口動態統計」をもとに作成。
　2）社人研中位推計は、国立社会保障・人口問題研究所「日本の将来推計人口（平成24年1月推計）」をもとに作成。合計特殊出生率は、2014年まで概ね1.39で推移し、その後、2024年までに1.33に低下し、その後概ね1.35で推移。
　3）出生率回復ケースは、2013年の男女年齢別人口を基準人口とし、2030年に合計特殊出生率が2.07まで上昇し、それ以降同水準が維持され、生存率は2013年以降社人研中位推計の仮定値（2060年までに平均寿命が男性84.19年、女性90.93年に上昇）を基に推計。

図10　高齢世代人口の比率

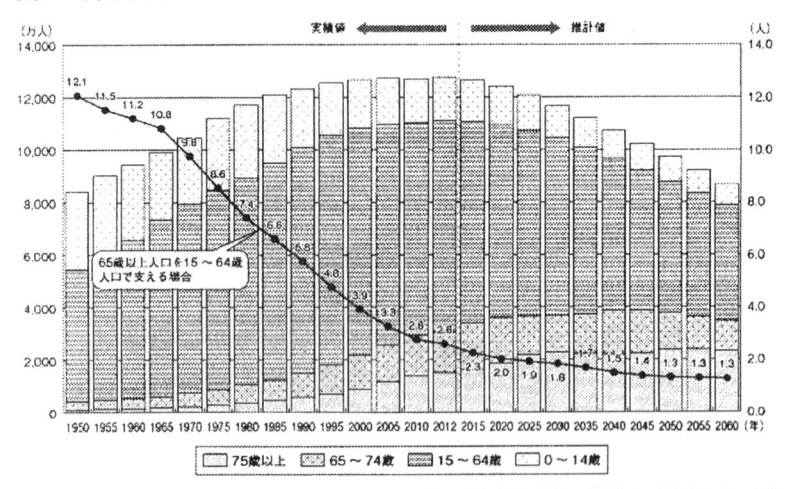

資料）2010年までは総務省「国勢調査」、2012年は総務省「人口推計」（平成24年10月1日現在）、2015年以降は国立社会保障・人口問題研究所「将来推計人口（平成24年1月推計）」の出生中位・死亡中位仮定による推計結果。

資料編

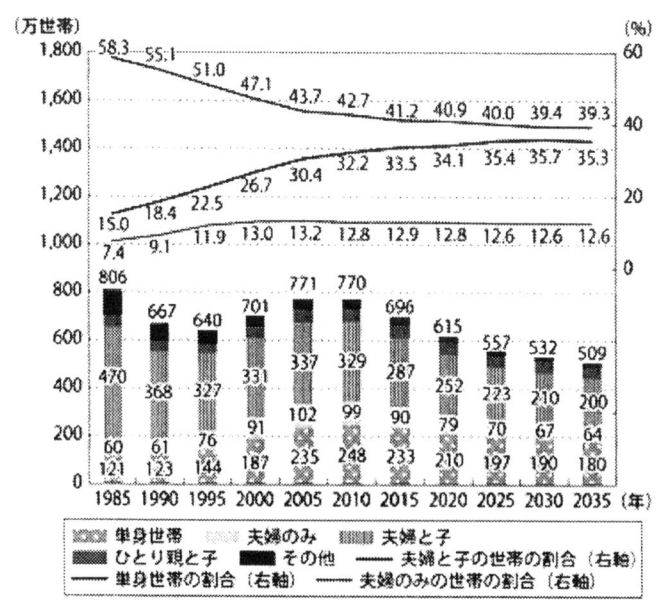

図11 世帯構成の推移（世帯主が30代）

資料）2010年以前は総務省「国勢調査」、2015年以降は国立社会保障・人口問題研究所「日本の世帯数の将来推計（全国推計）」（2013年1月推計）より国土交通省作成。

図12 育児期にある有業夫婦の仕事、家事、育児時間

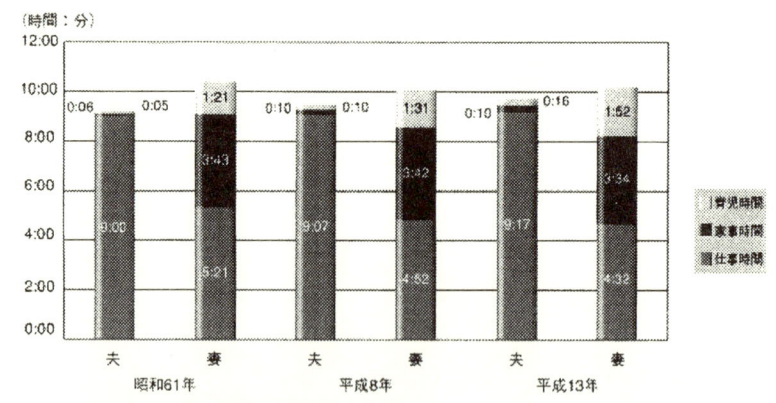

注1) 総務省「社会生活基本調査」より作成。
 2) 平日の時間であり、家事時間は家事、介護・看護及び買い物時間の合計。
 3) 育児期にある有業夫婦とは6歳未満の子どものいる世帯の有業の夫及び妻。

図13 一般的に女性が職業をもつことに対する女性の意識の変化

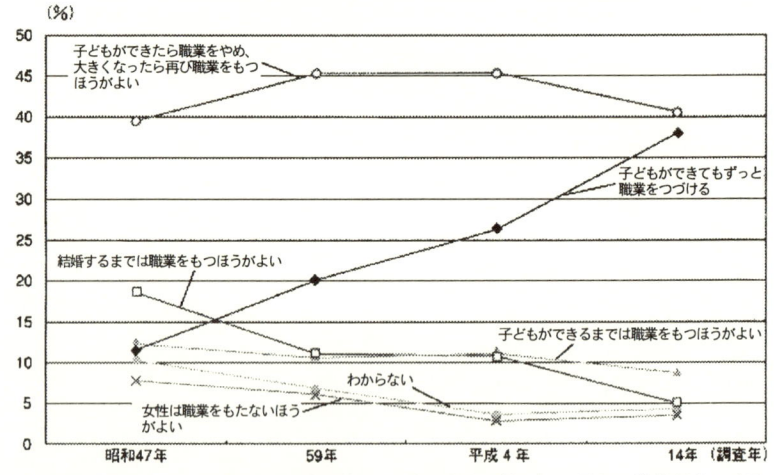

注1) 内閣府「婦人に関する意識調査」(昭和47年)、「婦人に関する世論調査」(昭和59年)、「男女平等に関する世論調査」(平成4年)、「男女共同参画に関する世論調査」(平成14年) より作成。
 2) 昭和59年の設問では、「職業をもち、結婚や出産などで一時期家庭に入り、育児が終わると再び職業をもつほうがよい」。
 3) 平成4年、14年はその他・わからない。

資料編

図14 女性が職業をもつことに対する男性の意識変化と経済情勢

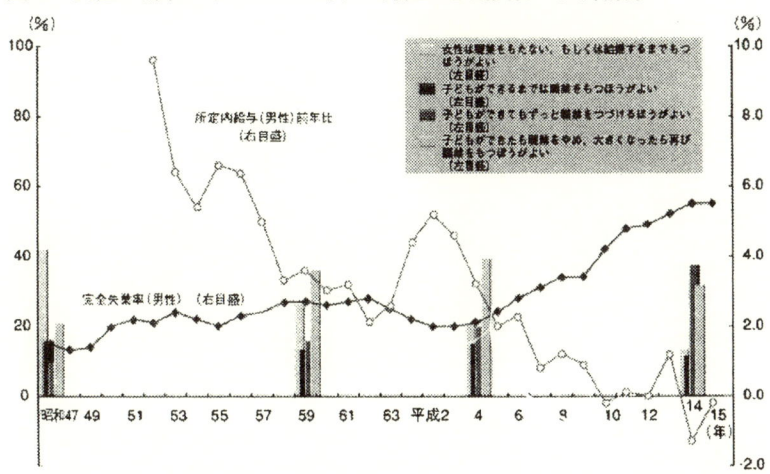

注）総務省「労働力調査」、厚生労働省「賃金構造基本統計調査」、内閣府「男女共同参画に関する世論調査」等より作成。

図15 家庭内の役割分担意識の変化（男女別）

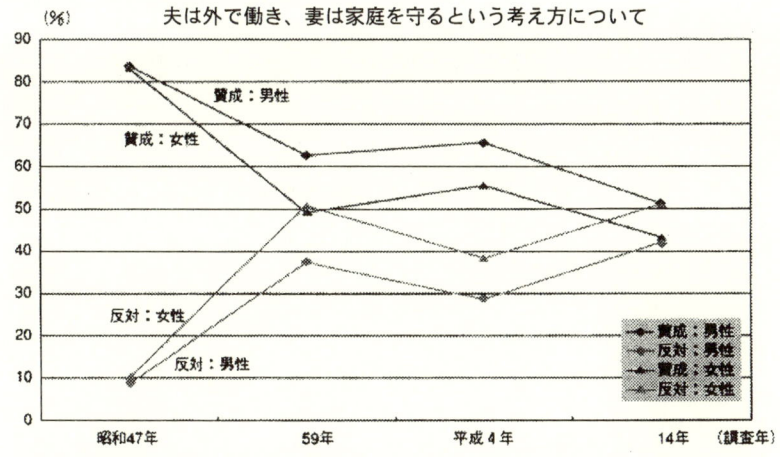

注1）内閣府「婦人に関する意識調査」、（昭和47年）、「婦人に関する世論調査」（昭和59年）、「男女平等に関する世論調査」（平成4年）、「男女共同参画に関する世論調査」（平成14年）より作成。
　2）昭和59年は、「同意する、同意しない」の2つの選択肢のみ。他の調査年は「わからない」があるため合計しても100％にならない。

図16 現在働いている理由の変化

(単位：％)

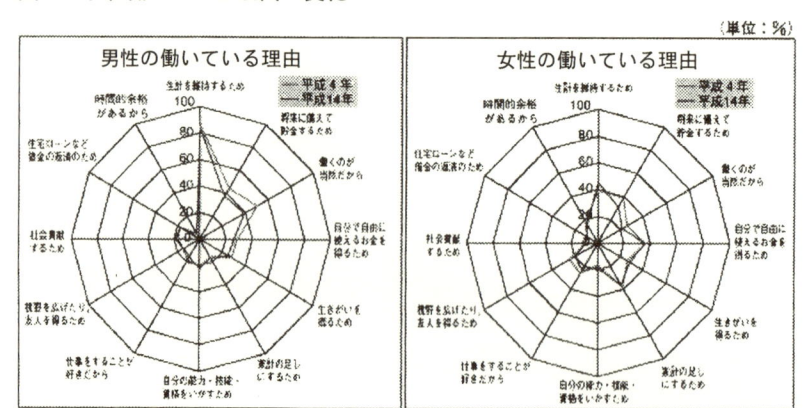

男性の働いている理由 / **女性の働いている理由**

注1）内閣府「男女平等に関する世論調査」（平成4年）、「男女共同参画に関する世論調査」（平成14年）より作成。
　2）複数回答のため合計しても100％にならない。

図17 女性のライフサイクルモデルの比較

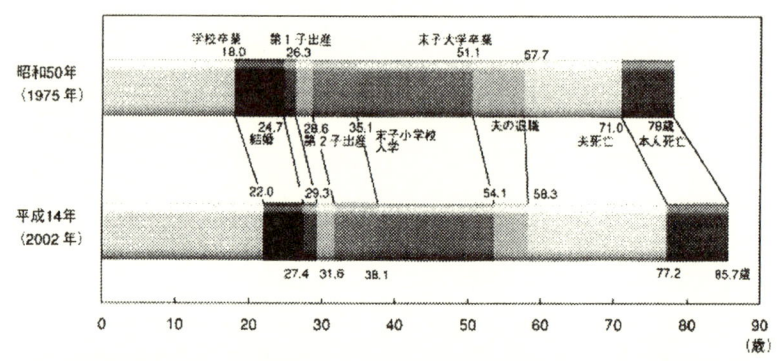

昭和50年（1975年）：学校卒業 18.0　結婚 24.7　第1子出産 26.3　第2子出産 28.6　末子小学校入学 35.1　末子大学卒業 51.1　57.7　夫の退職 58.3　夫死亡 71.0　本人死亡 78歳

平成14年（2002年）：22.0　29.4　27.4　31.6　38.1　54.1　58.3　77.2　85.7歳

注1）厚生労働省「人口動態統計」、「生命表」、国立社会保障・人口問題研究所「出生動向基本調査」より作成。
　2）寿命は各年の20歳の時の平均寿命から算出。

184

資料編

図18　就業形態別若年女性雇用者数の推移

(万人)

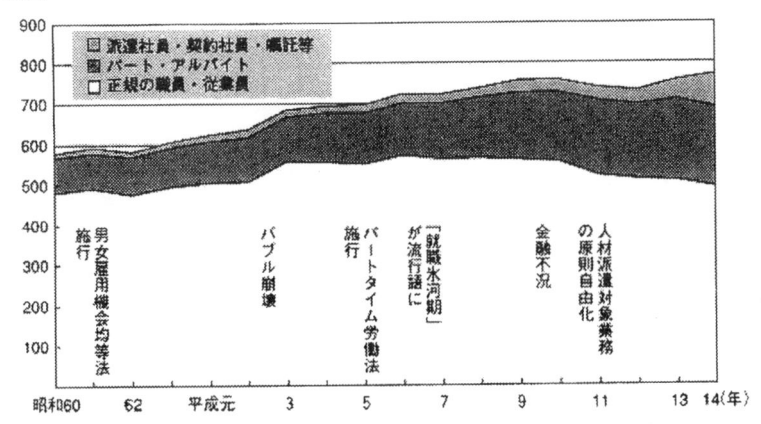

凡例：
- 派遣社員・契約社員・嘱託等
- パート・アルバイト
- 正規の職員・従業員

グラフ中の注釈（昭和60年〜平成14年）：
- 男女雇用機会均等法施行
- バブル崩壊
- パートタイム労働法施行
- 「就職氷河期」が流行語に
- 金融不況
- 人材派遣対象業務の原則自由化

注1）昭和60年から平成13年は総務省「労働力調査特別調査報告」（各年2月）より、14年は「労働力調査年報（詳細結果）」より作成。
　2）15歳から34歳までの非農林女性雇用者数の推移。ただし、15歳から24歳の在学中の雇用者を除く。

図19　年齢階級別未婚率の推移

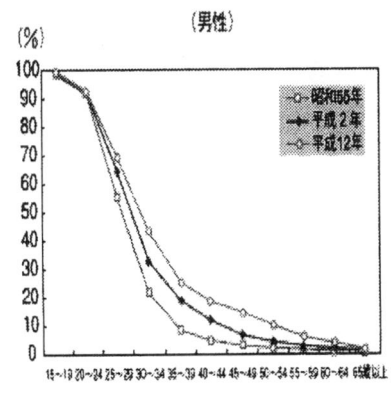

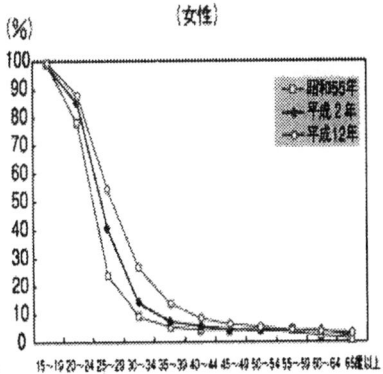

（男性）　　　　　　　　　　　（女性）

凡例：昭和55年、平成2年、平成12年

注）総務省「国勢調査」より作成。

図20　相対的貧困率

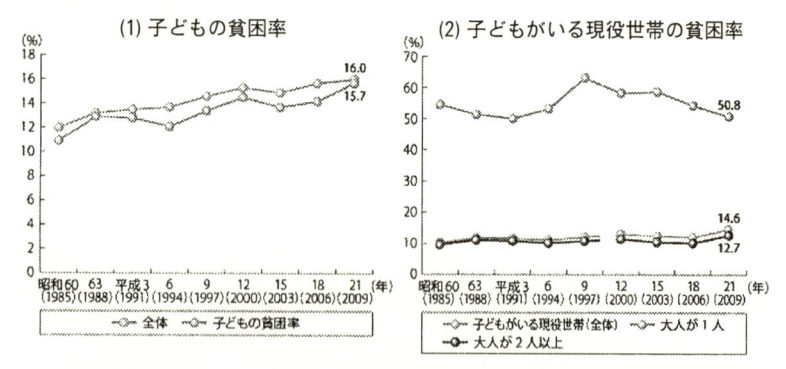

(1) 子どもの貧困率　　(2) 子どもがいる現役世帯の貧困率

注1）相対的貧困率とは、OECDの作成基準に基づき、等価可処分所得（世帯の可処分所得を世帯人員の平方根で割って調整した所得）の中央値の半分に満たない世帯員の割合を算出したものを用いて算出。
　2）平成6年の数値は兵庫県を除いたもの。
　3）大人とは18歳以上の者、子どもとは17歳以下の者、現役世帯とは世帯主が18歳以上65歳未満の世帯をいう。
資料）厚生労働省「国民生活基礎調」。

図21 相対的貧困率の国際比較（2000年代半ば）

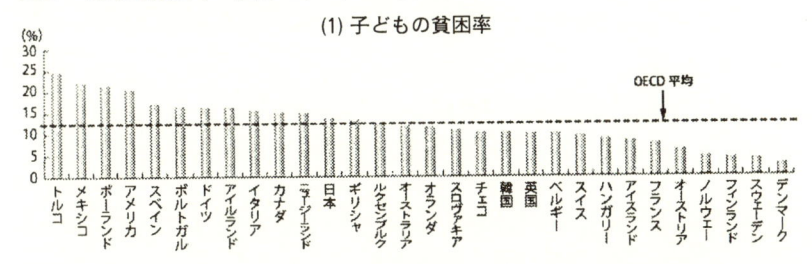

(1) 子どもの貧困率

(2) 全体

	相対的貧困率		子どもの貧困率		子どもがいる現役世帯（世帯主が18歳以上65歳未満の世帯）の貧困率					
					合　計		大人が一人		大人が二人以上	
	割合	順位	割合	順位	割合	順位	割合	順位	割合	順位
オーストラリア	12.4	20	11.8	16	10.1	16	38.3	19	6.5	12
オーストリア	6.6	4	6.2	5	5.5	5	21.2	8	4.5	5
ベルギー	8.8	15	10.0	10	9.0	12	25.1	10	7.3	14
カナダ	12.0	19	15.1	21	12.6	21	44.7	27	9.3	18
チェコ	5.8	3	10.3	13	7.7	9	32.0	15	5.5	7
デンマーク	5.3	1	2.7	1	2.2	1	6.8	1	2.0	1
フィンランド	7.3	9	4.2	3	3.8	4	13.7	4	2.7	3
フランス	7.1	6	7.6	6	6.9	7	19.3	7	5.8	9
ドイツ	11.0	17	16.3	23	13.2	22	41.5	25	8.6	16
ギリシャ	12.6	21	13.2	18	12.1	18	26.5	13	11.7	23
ハンガリー	7.1	6	8.7	8	7.7	9	25.2	11	6.8	13
アイスランド	7.1	6	8.3	7	7.3	8	17.9	5	6.2	10
アイルランド	14.6	25	16.3	23	13.9	23	47.0	28	10.1	21
イタリア	11.4	18	15.5	22	14.3	25	25.6	12	14.0	27
日本（平成16年）	14.9	27	13.7	19	12.5	19	58.7	30	10.5	22
韓国	14.5	24	10.2	12	9.2	13	26.7	14	8.1	15
ルクセンブルク	8.1	11	12.4	17	11.0	17	41.2	24	9.7	20
メキシコ	18.4	30	22.2	29	19.5	29	32.6	16	18.7	29
オランダ	7.7	10	11.5	15	9.3	14	39.0	20	6.3	11
ニュージーランド	10.8	16	15.0	20	12.5	19	39.1	21	9.4	19
ノルウェー	6.8	5	4.6	4	3.7	3	13.3	3	2.1	2
ポーランド	14.5	24	21.5	28	19.2	28	43.5	26	18.4	28
ポルトガル	12.9	22	16.6	25	14.0	24	33.4	17	13.3	24
スロヴァキア	8.1	11	10.9	14	10.0	15	33.5	18	9.2	17
スペイン	14.1	23	17.3	26	14.7	26	40.5	23	13.9	26
スウェーデン	5.3	1	4.0	2	3.6	2	7.9	2	2.8	4
スイス	8.7	14	9.4	9	5.8	6	18.5	6	4.9	6
トルコ	17.5	29	24.6	30	20.3	30	39.4	22	20.0	30
英国	8.3	13	10.1	11	8.9	11	23.7	9	6.1	9
アメリカ	17.1	28	20.6	27	17.6	27	47.5	29	13.6	25
OECD平均	10.6		12.4		10.6		30.8		5.4	

資料）OECD (2008) "Growing Unequal? INCOME DISTRIBUTION AND POVERTY"

〈執筆者紹介〉

第1章　石踊紳一郎　鹿児島国際大学大学院博士後期課程
第2章　高尾公矢　聖徳大学教授
第3章　高尾公矢　聖徳大学教授
第4章　川崎竜太　久留米大学助教、田畑洋一　鹿児島国際大学教授
第5章　有村玲香　鹿児島純心女子大学講師、北川慶子　聖徳大学教授
第6章　笠野恵子　中九州短期大学准教授
第7章　岩井浩英　鹿児島国際大学準教授
第8章　園田和江　近畿大学九州短期大学通信教育学部非常勤講師
第9章　大野さおり　鹿児島国際大学大学院博士後期課程、福﨑千鶴　九州看護福祉大学講師、北川慶子　聖徳大学教授
第10章　赤羽克子　聖徳大学教授、川崎泰代　共生館国際福祉医療カレッジ講師
第11章　大山朝子　鹿児島国際大学准教授、山下利恵子　鹿児島国際大学非常勤講師

編 者

高尾公矢（たかお・きみや）
　東洋大学大学院社会学研究科博士課程満期退学
　現在　聖徳大学教授・博士（政治学・明治大学）
　専攻　福祉社会学
　主な著書
　　『高齢者介護支援システムの研究』（多賀出版）
　　『福祉コミュニティの研究』（多賀出版）

北川慶子（きたがわ・けいこ）
　東洋大学大学院社会学研究科博士課程修了
　現在　聖徳大学教授・博士（社会福祉学・東洋大学）
　専攻　福祉社会学
　主な著書
　　『高齢期最後の課題』（九州大学出版会）
　　『日中社会補償問題研究』（吉林人民出版社）

田畑洋一（たばた・よういち）
　東北大学大学院文学研究科博士後期課程修了
　現在　鹿児島国際大学教授・博士（文学・東北大学）
　専攻　社会福祉学
　主な著書
　　『ドイツの最低生活保障―制度の運用と仕組み』（学文社）
　　『現代ドイツ公的扶助序論』（学文社）

少子高齢社会の家族・生活・福祉

2016年3月15日　第1版第1刷　　定　価＝2800円＋税

　　編　者　高尾公矢・北川慶子・田畑洋一 ©
　　発行人　相　良　景　行
　　発行所　㈲　時　潮　社

〒174-0063　東京都板橋区前野町4-62-15
電　話　03-5915-9046
ＦＡＸ　03-5970-4030
郵便振替　00190-7-741179　時潮社
ＵＲＬ　http://www.jichosha.jp
印刷・相良整版印刷　製本・武蔵製本

乱丁本・落丁本はお取り替えします。
ISBN978-4-7888-0708-2

時潮社の本

社会・人口・介護からみた世界と日本
——清水浩昭先生古稀記念論文集——
松本誠一・高橋重郷　編
Ａ５判・上製函入・448頁・定価4500円（税別）

人類学・家族および高齢者の社会学・人口学を横断的に網羅、融合を試みた清水浩昭教授のもとに集った研究者がその薫陶を受けて現代社会をそれぞれの視点で分析、現代の抱える諸矛盾や課題を鮮やかに提示する。

高齢化社会日本の家族と介護
——地域性からの接近——
清水浩昭　著
Ａ５判・上製・232頁・定価3200円（税別）

世界に類を見ない高齢化社会の淵に立つ日本にとって、介護など社会福祉の理論と実務はもはや介護者・家族ばかりでなく、被介護者にとっても「生きるための知恵」となりつつある。現在を網羅する制度と組織を理解するための格好の一冊。

現代福祉学概論
杉山博昭　編著
Ａ５判・並製・240頁・定価2800円（税別）

世界に類のない高齢化や階層化が急速に進む日本社会で、介護など社会福祉の理論と実務は介護者・家族ばかりでなく、被介護者にとっても「生活の知恵」となりつつある。めまぐるしく動く社会福祉の現在に焦点をあて、その本質から歴史、将来や現在の社会福祉を網羅する制度、組織までを平易に解説。現代社会福祉の先端に深くアプローチする。

子育て支援
平塚儒子　監修／編
Ａ５判・並製・192頁・定価2000円（税別）

「虐待」「いじめ」「自殺」「不登校」「ひきこもり」……、今、日本の子育てをめぐる環境は厳しい。家庭と社会のパートナーシップのもと、「社会の子」として育んでいけるよう、さまざまな観点から"子育て"を考える。

時潮社の本

資本主義活性化の道
——アベノミクスの愚策との決別——
山村耕造　著
Ａ５判・上製・200頁・定価1800円（税別）

アベノミクスの落日がじょじょに浮かび上がる日本。「この道」の行き着く先は前代未聞の大不況か？そうした今こそ資本主義の構造全般を大胆に改革すべき好機、と著者は提言する。

危機に立つ食糧・農業・農協
—消えゆく農業政策—
石原健二　著
Ａ５判・上製・264頁・定価3000円（税別）

食糧自給率（カロリーベース）で40％を割り込んだまま（農水省調べ）、という国内食糧市場。TPPによってさらに落ち込むと予想される現在、食の安全はどのように担保されるのか。近年の農協解体に象徴される農業政策の急激な変化を分析した、すべての市民必読の「食糧安全保障」の入門書。

現代と『資本論』
小林　晃　著
Ａ５判・上製・248頁・定価3000円（税別）

市場システム、つまり投機を容認し、消費を意図的に歪めるなど市場操作を可能とする現代資本主義は慢性的な不況に寄り添われて富の蓄積と窮乏の堆積のもとにある。視野狭窄に陥りつつある社会に新たな展望を問う。

アメリカの金融危機と社会政策
——地理学的アプローチ——
田中恭子　著
Ａ５判・上製・224頁・定価2800円（税別）

住宅バブル崩壊と略奪的貸し付けなどで疲弊するアメリカ社会はどうしているのか。二極化は地域社会を分断し、富裕層はゲートシティに逃げ込む。続発する銃器犯罪と人種差別を理由とする暴動。黒人大統領オバマは社会融和の切り札ではなかった？価値観の争いともいわれる文化戦争をこえて、アメリカはどこに向かうのか。

時潮社の本

マルクスの哲学
――その理解と再生のために――
岩淵慶一 著
四六判・上製・336頁・定価3200円（税別）

マルクスの哲学は、彼の重要な哲学的著作が長らく未発表であったために、またエンゲルスと彼の信奉者たちによって封印されてきたために、新旧スターリン主義によって組織的に排斥されてきたために、歴史の舞台から遠ざけられてきた。現在、私たちは社会の危機的状態に脅かされ、人間の問題が根本的に問われている。今こそ、マルクスの哲学を適切に理解し復権させるべきときではないか！

地域財政の研究
石川祐三 著
Ａ５判・上製・184頁・定価2500円（税別）

人口の減少、グローバル化の進展、地方財源の不足。日本の厳しい未来を見すえて、競争に立ち向かう地域の視点から、地方財政の今を考える。

神が創った楽園
オセアニア／観光地の経験と文化
河合利光 著
Ａ５判・並製・234頁・定価3000円（税別）

南海の楽園は、西洋諸国による植民地化や外国の観光業者とメディアにより構築された幻想だろうか。本書は、観光地化やキリスト教化を通して変化したその「楽園」を、オセアニア、特にフィジーとその周辺に生きる人びとの経験と文化から考える。

目耕録
――定年退職後の晴耕雨読――
山本鎭雄 著
Ａ５判・上製・196頁・定価1800円（税別）

定年後、山梨の里山で始めた「見よう見まね」の野菜作りの傍ら、農や地域をキーワードに先人に学ぶべく、書の杜に彷徨う、いわば門外漢が綴るもうひとつの読書記録。と同時に、土とともに流した汗の記録でもある。